Faschingskostüme für Kinder
selber nähen

Ute Hammond

Faschingskostüme für Kinder

selber nähen

OZ creativ

Inhalt

Vorwort

Meine Heimatstadt liegt am Rhein und so war Fastnacht für mich schon als Kind ein ganz wichtiges Fest. Ab November wurden die Kostüme ausgedacht, entworfen, wieder verworfen und dann endlich genäht. Für uns Kinder war es zum einen ganz wichtig, dass niemand sonst mit dem gleichen Modell herumlief, zum anderen, dass das Kostüm schön warm war.
Wir wollten damit auf der Straße spielen, feiern und uns bewundern lassen. Man sollte das Kostüm sehen und nicht einen Mantel, der darüber getragen werden musste! Fastnacht, Fasching, Karneval wird nun einmal im Winter gefeiert und dann ist es kalt. Alle Modelle in diesem Buch sind deshalb so gearbeitet, dass das Kind etwas Wärmendes darunter anziehen kann – falls Sie keinen warmen Stoff gewählt haben. Nur die kleine Ballerina braucht vielleicht eine kurze warme Jacke, wenn sie nach draußen geht.
Für unsere Eltern – die Mütter, weil sie die Kostüme nähen mussten, und die Väter, weil sie sie bezahlen mussten – war es wichtig, dass das Kostüm nach Fastnacht auch im Alltagsleben noch getragen werden konnte. In diesem Sinne habe ich dieses Buch geschrieben und die Modelle entworfen.

Natürlich zeigen die Fotos im Buch die Beispiele in nur einer Größe. Sie können aber aus dem großen Zauberer auch einen kleinen Magier zaubern und aus dem kleinen Clown eine große Clownin. Denn auf dem Schnittmusterbogen finden Sie die Schnittmuster für die Körpergrößen 99 bis 158 cm.
Und zum Schluss noch etwas ganz Wichtiges: Bei den Anleitungen finden Kinder viele Basteltipps. So können sie selber mitarbeiten und die Kostüme nach ihren Vorstellungen dekorieren.

Ich wünsche allen Eltern und Kindern viel Vergnügen mit den tollen, einmaligen Kostümen für Fasching, Fastnacht oder Karneval!

Ute Hammond

Problemlos nähen

Wenn beim Nähen Fragen auftauchen sollten, schauen Sie auf dieser und den folgenden Seiten nach – hier finden Sie (fast) alle Antworten.
Ich habe alle Schnitte und Nähanleitungen so einfach wie möglich gehalten. Sind Sie eine geübte Näherin, werden Sie die zehn Modelle dieses Buches sicherlich „mit links" nähen können. Sind Sie hingegen ein wenig aus der Übung, weil Sie lange nicht mehr genäht haben, werden Sie sich mithilfe der Anleitungen schnell wieder zurechtfinden. Auch wenn Sie zuvor noch nie genäht haben, gibt es keinen Grund zur Sorge: Das Wie und Warum wird in diesem Kapitel genau erklärt.

Was Sie benötigen

- **Nähmaschine**
- **Nähmaschinennadeln** und **Nähnadeln**
- **Stoff** – die genaue Stoffmenge finden Sie bei den Modellanleitungen.
- **Nähgarn** stimmen Sie farblich auf den Stoff ab.
- **Heftfaden**
- **Schere**
- **Maßband**
- **Stecknadeln** fixieren die Papierschnittteile auf dem Stoff und halten die Nähte beim Steppen zusammen.
- **Sicherheitsnadeln** sind hilfreich beim Einziehen von Gummibändern und Kordeln.
- Mit **Kopierrädchen** können Sie die Schnitte vom Schnittmusterbogen übertragen.
- **Schneiderkopierpapier** ähnelt dem Kohlepapier für die Schreibmaschine, allerdings sind die Bogen größer und weiß, blau oder gelb. Legen Sie das Kopierpapier auf das Papier für das Schnittmuster – farbige Seite nach unten – und darauf dann den Schnittmusterbogen. Fahren Sie alle Linien und Markierungen mit einem harten, spitzen Stift nach.
- **Seidenpapier** gibt es in besonders großen Bögen. Es ist als Schnittmusterpapier sehr gut geeignet. Sie können aber auch jedes andere Papier verwenden, z. B. Packpapier oder alte Zeitungen, solange die Einzelbögen groß genug sind.
- **Nahttrenner** helfen beim Auftrennen falsch gesteppter Nähte.
- **Hosengummiband** ist ideal für elastische Rock- und Hosenbünde sowie für Ärmel- und Hosensäume.
- **Ergänzendes Zubehör** für die Kostüme ist jeweils in der Anleitung angegeben.

Was Ihnen das Nähen erleichtert

- Die **Schnittübersichten** zeigen jeweils alle Teile eines Modells, die vom Bogen abzupausen sind.
- Die **Zuschneidepläne** empfehlen, wie man die Schnittteile stoffsparend und fadengerade zuschneidet – sofern die Breite Ihres Stoffs dem angegebenen Maß entspricht.
- Wenn Sie (wie ich) nur eine einfache Nähmaschine besitzen, dann gibt es zwei Möglichkeiten, die **Nähte** zu versäubern:
1. mit einer **Zackenschere**.
2. mit Zickzackstichen der Nähmaschine.
- **Nähfrei-Druckknöpfe** kann man mit einem Hammer (oder einer Zange) in den Stoff einhämmern. Für ganz Ungeübte ist dies sehr praktisch, denn man erspart sich das Nähen von Knopflöchern und das Annähen der Knöpfe. Man kann Nähfrei-Druckknöpfe in Geschäften mit Nähutensilien kaufen. Es gibt sie in vielen verschiedenen Farben und Größen.
- Man kann **Teile zusammenheften**, indem man alle Teile mit dem Heftfaden „vornäht". Einfacher ist es jedoch, die Teile mit Stecknadeln zusammenzuheften. Stecken Sie die Nadeln senkrecht zu den Kanten, dann kann vorsichtig über die Nadeln gesteppt werden, ohne dass diese abbrechen.
- Um **Säume** zu nähen, **bügeln** Sie den Stoff 4 cm nach innen. Danach wird die Schnittkante noch einmal 1 cm nach innen gebügelt. Der Saum lässt sich dann ganz glatt und gerade nähen und muss nicht einmal geheftet werden.
- **Bügel-Saumvlies** gibt es abgepackt zu kaufen. Es ist beidseitig klebend und verbindet die Stoffe, wenn man darüber

bügelt. Bügel-Saumvlies kann das Steppen eines Saums ersetzen. Es wird hauptsächlich für Rocksäume verwendet.

– **Schrägbänder** habe ich für die Modelle in diesem Buch statt Belägen verwendet. Auch Schrägbänder erhalten Sie abgepackt in verschiedenen Farben und aus unterschiedlichen Materialien.

– **Bügel-Vlieseline** wird, wie der Name schon sagt, aufgebügelt. Man verwendet sie für alle Stoffe, die versteift werden sollen. Auf einer Seite ist Bügel-Vlieseline mit Klebstoff beschichtet, der die Vlieseline beim Erhitzen mit dem Stoff verklebt. Sie können Bügel-Vlieseline als Meterware überall dort kaufen, wo es Stoffe gibt.

– Und falls Sie sich überhaupt nicht mehr zu helfen wissen: Es gibt auch **Textilkleber** – einen Spezialkleber, der alle Stoffe klebt.

Tipps zum Zuschneiden

- Ermitteln Sie vor dem Stoffkauf die **Größe des Kindes**; den entsprechenden Stoffverbrauch für das Kostüm nennt die Anleitung.
- Wie die benötigten Schnittteile auf dem Bogen aussehen, zeigen die Schnittübersichten. Hier sind auch alle **Markierungen** zu erkennen.
- Den **Papierschnitt** erhalten Sie, indem Sie die Teile vom Bogen entweder auf transparentes Material mit einem Stift durchpausen oder mit zwischengelegtem Schneiderkopierpapier auf darunter liegendes Papier durchrädeln oder -zeichnen. Dabei unbedingt alle Markierungen, Nahtzahlen und Beschriftungen übertragen! Vor dem Ausschneiden die Maße am Kind nachmessen.
- Der **Stoffbruch** im Zuschneideplan zeigt die Faltkante an, wenn der Stoff ganz oder teilweise doppelt liegt, die rechte Stoffseite innen.
- Der **Fadenlauf** gibt die Richtung der Kettfäden an, hier dehnt sich der Stoff am wenigsten.
- Die **Webkanten** liegen exakt in dieser Längsrichtung. Der Fadenlauf der Schnittteile muss mit dem des Stoffs übereinstimmen (fadengerade: Fadenlauflinie/-pfeil parallel zur Webkante).
- **Gestrichelte Teile** im Zuschneideplan zeigen, dass sie spiegelverkehrt (Schrift nach unten) zugeschnitten werden müssen. Markierungen nicht vergessen!
- **Naht- und Saumzugaben** sind in den Schnittmustern nicht enthalten, deshalb empfehle ich, für Nähte 1 cm, für Säume 4 cm Stoff zuzugeben.
- Nach dem Zuschneiden des Stoffs **prüfen**, ob alle benötigten Teile vorhanden und auf der linken Seite markiert sind. Dann erst die Papierschnittteile entfernen.

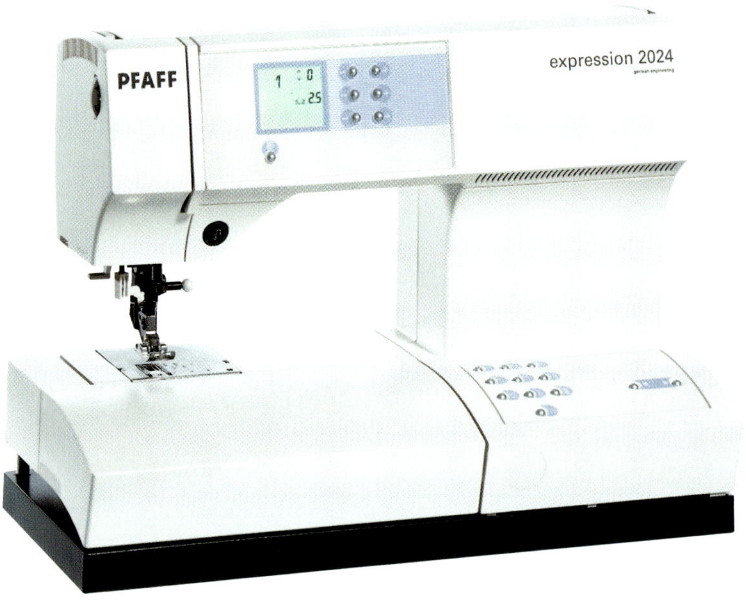

Tipps zum Nähen

- **Stecken** Sie zuerst jede Naht: am besten senkrecht zu den Kanten, dann kann man vorsichtig über die Nadeln steppen. Heften mit Garn ist dann nicht unbedingt nötig.
- **Rechts auf rechts** heißt, die rechten Stoffseiten liegen aufeinander.
- **Steppen** bedeutet: Eine einfache Naht mit dem geraden Steppstich der Maschine nähen; ich empfehle eine 1 cm breite Nahtzugabe.
- Beim **Absteppen** näht man an einer fertigen Naht oder Kante zusätzlich entlang.
- **Bügeln** Sie nach dem Steppen stets die beiden Nahtzugaben auseinander.
- **Säume** nähen sich wie von selbst, wenn sie vorher gebügelt werden. Ich empfehle einen

Saumzuschlag von 4 cm (siehe Seite 8).
– Auf das nachträgliche **Versäubern der Nahtzugaben** mit Zickzackstich kann hier verzichtet werden.
– Zum **Einfassen mit Schrägband** bügeln Sie gefalztes Schrägband längs auf die Hälfte zusammen und stecken es beidseitig über die zu versäubernde Schnittkante. Die Enden dabei nach links einschlagen. Steppen Sie dann beide Falzkanten in einem Arbeitsgang knappkantig fest.
– Beim **Verstürzen mit Schrägband** liegt das Band später ganz auf der linken Seite: Klappen Sie eine Zugabe des gefalzten Bandes an einer Längsseite auf und legen Sie sie bündig rechts auf rechts an die zu versäubernde Kante. Die Enden nach links einschlagen. Steppen Sie das Band genau in der Falzlinie fest. Danach beide Nahtzugaben in Richtung Stoff bügeln. Das Band ganz zur linken Stoffseite klappen und die gefalzte Schrägbandkante knappkantig feststeppen.

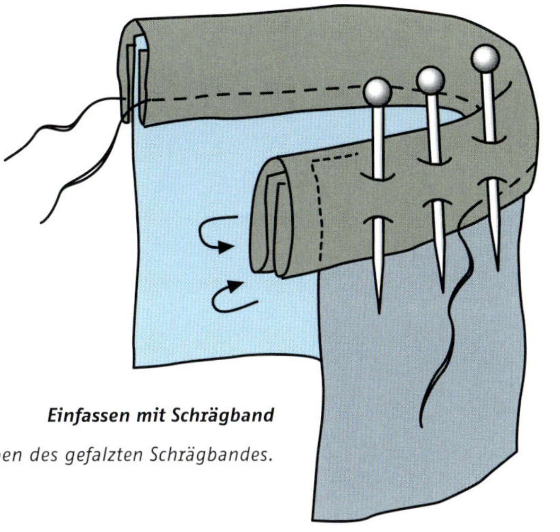

Einfassen mit Schrägband
Stecken und Steppen des gefalzten Schrägbandes.

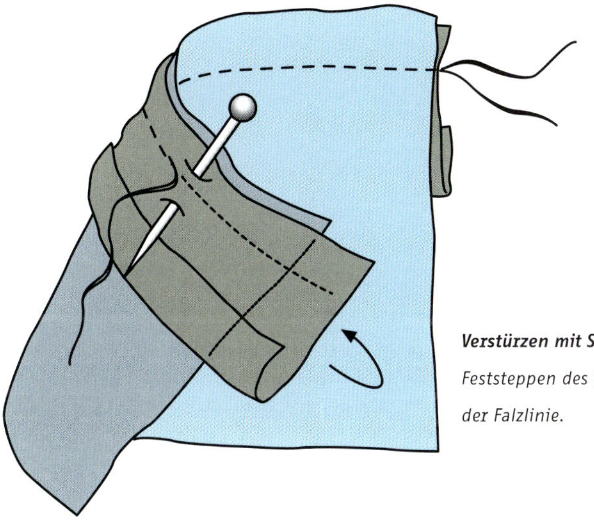

Verstürzen mit Schrägband
Feststeppen des Schrägbandes in der Falzlinie.

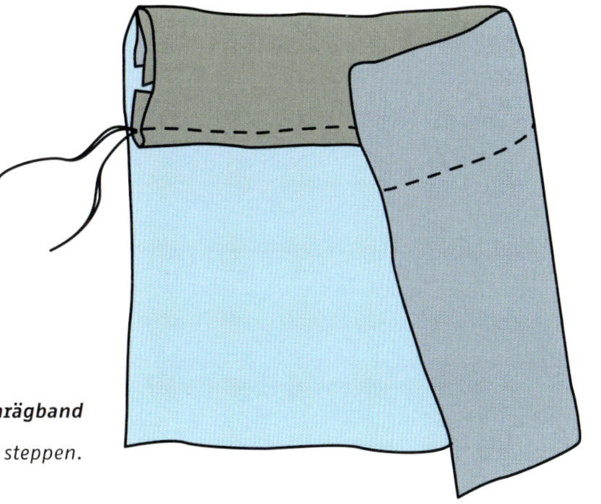

Verstürzen mit Schrägband
Gefalzte Schrägbandkante steppen.

Ballerina

Ohne viel Nähaufwand entsteht das Kostüm der Ballerina, bei dem das Kind sicher eifrig mithilft. Das A und O sind die zarten Pastellfarben für das Tutu – den Rock – und den Blütenschmuck. Strumpfhose und Body kommen natürlich auch nach dem Fest noch zum Einsatz.

Material

Für den Rock:

- 80 cm grüner Tüll, 140 cm breit
- 60 cm Hosengummiband
- farblich passendes Nähgarn
- das übliche Zuschneide- und Nähmaterial (siehe Seite 8 f.)

Für die übrige Ausstattung:

- 120 cm rosa Taftband, 5 cm breit
- 180 cm rosa Satinband, 1 cm breit
- 1 weiße Seiden- oder Papierblüte
- 12 kleine und 12 mittelgroße rosa Seidenröschen
- 3 grüne Haargummis
- 2 weiße Haargummis
- Zange
- weißer Body
- weiße Strumpfhose
- weiße Turnschläppchen
- (Faschings-) Schminke

Zuschneideplan

Schema für alle fünf Größen

Den Rock zuschneiden und nähen

– Für das mehrlagige Ballettröckchen (Tutu) den Tüll zuerst einmal so auf die Hälfte zusammenfalten, dass die beiden Schmalseiten (80 cm lang) aufeinander liegen. Diese Kante stecken und dann mit einer 1 cm breiten Nahtzugabe auf

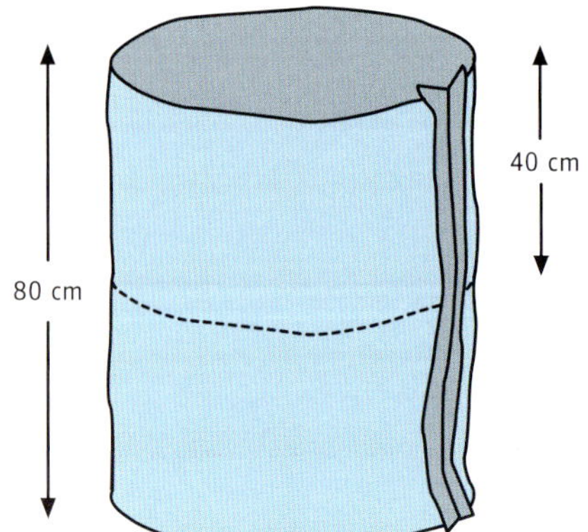

der Maschine steppen. Die Nahtzugaben auseinander bügeln.
– Danach den Rock so auf die Hälfte falten (links auf links), dass er 40 cm hoch ist und doppelt liegt, Naht auf Naht. Die Bruchkante (Faltkante) ist oben.

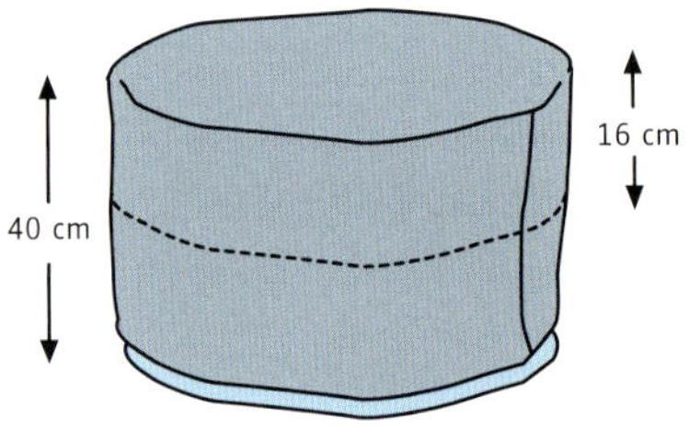

– Nun erneut den oberen Teil nach unten falten, diesmal nur zu einem Drittel (ca. 16 cm), damit der Tüll dort vierlagig liegt. Die neue Faltkante stecken und bügeln.

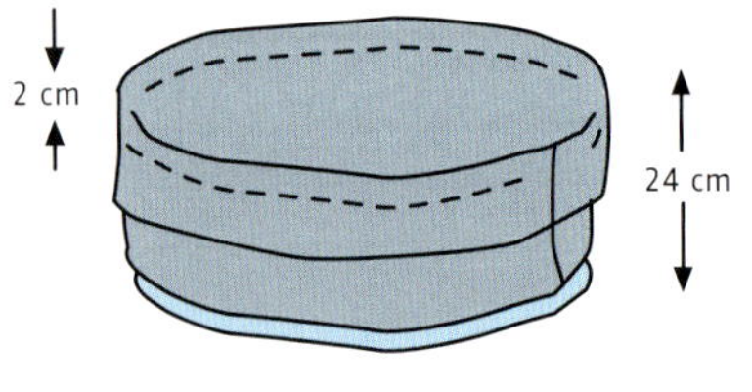

– Für den Durchzug am Bund jetzt die vier Lagen 2 cm neben der Bruchkante zusammensteppen, an der Rückennaht beginnen. Dort die Naht 2 cm offen lassen, damit später das Gummiband hindurch passt.
– Das Gummiband mit einer Sicherheitsnadel in den Durchzug einziehen; das können schon Kinder machen. Damit das „Schwänzchen" des Bandes nicht nach innen rutscht, am besten den Anfang mit einer Sicherheitsnadel feststecken.
– Am Kind die richtige Gummibandlänge probieren, 4 cm zugeben und die Enden zusammennähen oder -knoten.

Den Blütenschmuck anfertigen

– Die nächsten Arbeitsschritte sind auch für Kinder nicht zu schwer: Ein rosa Taftband ziert das Tutu. Man windet es mehrfach um die Taille, schließt es vorn mit einer Sicherheitsnadel und steckt gleichzeitig die weiße Seidenblüte daran.
– Für den Haarschmuck ein grünes flauschiges Haargummi mit 12 mittelgroßen Seidenröschen verzieren. Dazu den Stieldraht einfach durch das Band stecken und ganz eng um Band und Blüte herumwinden. Überschüssigen Draht mit einer Zange oder (alten!) Schere abschneiden.
– Auf dieselbe Weise zwei grüne Armbänder herstellen, diesmal jedoch mit 6 kleinen Röschen nur eine Hälfte schmücken.
– Die Haare des Kindes möglichst glatt nach hinten (oder zu einem Krönchen nach oben) kämmen und den Zopf, Pferdeschwanz oder Knoten zunächst mit einem weißen Haargummi zusammenhalten. Die Haare eventuell mit Haarspray fixieren. Nun das mit den größeren Röschen geschmückte Haargummi aufziehen, dann wieder ein weißes.

Die übrige Ausstattung

Zum Tutu trägt die Ballerina eine weiße Strumpfhose und einen weißen Body. Bevor sie die weißen Turnschläppchen anzieht, zuerst das Satinband in zwei Stücke schneiden und damit Fuß und Knöchel umwickeln.

Schminktipps

Etwas glitzernder Lidschatten passt gut zur Ballerina. Die Augen mit Kajalstift umranden. Die Lippen nur zart bemalen.

Variationen

Mädchen mit kurzen Haaren verzieren anstelle des Haargummis einfach ein breites Stirnband mit Röschen.
Spiel mit Farben: Wie wäre es, wenn sich Geschwisterkinder oder Freundinnen zwar mit dem gleichen Kostüm verwandeln, jedoch jedes Kind in einer anderen zarten Farbzusammenstellung? Für solch einen Gruppenauftritt eignet sich zum Beispiel Weiß mit Hellblau und Maigrün, Weiß mit Gelb und Lachs oder Weiß mit Hellblau und Rosa.

Hexe

Auch dieses Kostüm der Hexe ist keine Hexerei, sondern ganz leicht aus Stoffrechtecken zu nähen. Der Rock wird später zum Sommerrock, der Umhang lässt sich als Wickelrock über Shorts oder Badeanzug tragen.

Material

Für Rock und Umhang:

- 160 cm bunt-karierter Stoff für den Rock, 90 cm breit
- 65 cm schwarzgrundiger Stoff für den Umhang, 115 cm breit
- 65 cm Hosengummiband
- 120 cm schwarze Kordel
- 1 Stück Karton, 12 × 20 cm
- gummiertes goldenes Glanzpapier
- etwas schwarzes Papier
- Locher
- Alleskleber
- Zackenschere
- farblich passendes Nähgarn
- das übliche Zuschneide- und Nähmaterial (siehe Seite 8 f.)

Für die übrige Ausstattung:

- Kopftuch, ca. 50 × 50 cm
- etwas rote Wolle oder rote Faschingsperückenhaare
- 30 cm Schrägband
- schwarzes T-Shirt
- schwarze Strumpfhose
- große Pantoffeln oder Stiefel
- Reisigbesen
- Deko-Fledermaus

Schnittübersicht

Sie finden Teil 1 grau gezeichnet auf Bogen A.

Zuschneidepläne

Schema für alle fünf Größen

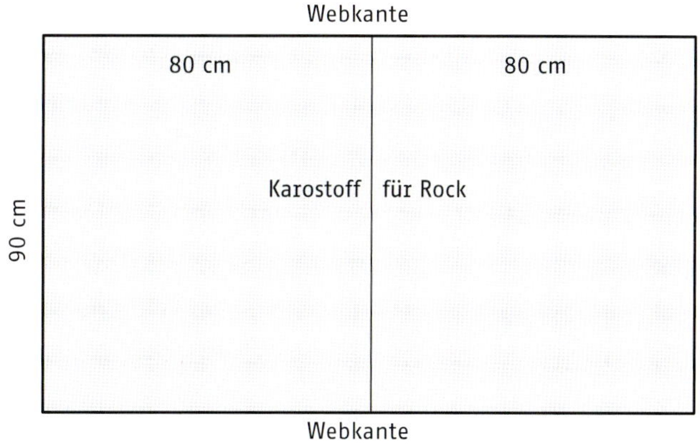

Rock und Umhang zuschneiden

- Den Rockstoff in zwei gleich große, 80 × 90 cm große Teile zerschneiden. Der 65 × 115 cm große Umhangstoff wird nicht weiter zugeschnitten.
- Die Fledermaus 1 vom Schnittmusterbogen (Seite A, grau) auf Karton übertragen und als Schablone ausschneiden.

Den Rock nähen

- Zuerst die beiden Rockteile rechts auf rechts aufeinander legen, die beiden Schmalseiten (80 cm) zusammenstecken und steppen. Die Nahtzugaben auseinander bügeln.
- Für den unteren Abschluss die Kante zuerst als 4 cm breiten Saum nach links falten, stecken und bügeln. Danach die Schnittkante nochmals 1 cm einschlagen. Den Einschlag knappkantig feststeppen.
- Die Taille mit einem Durchzug versehen. Dazu die obere Kante wie zuvor beschrieben säumen, jedoch an einer Seitennaht eine 3 cm breite Öffnung lassen, um dort später das Gummiband

einzuziehen. Danach die obere Rockkante zusätzlich absteppen: etwa 0,5 cm neben dem Stoffbruch.

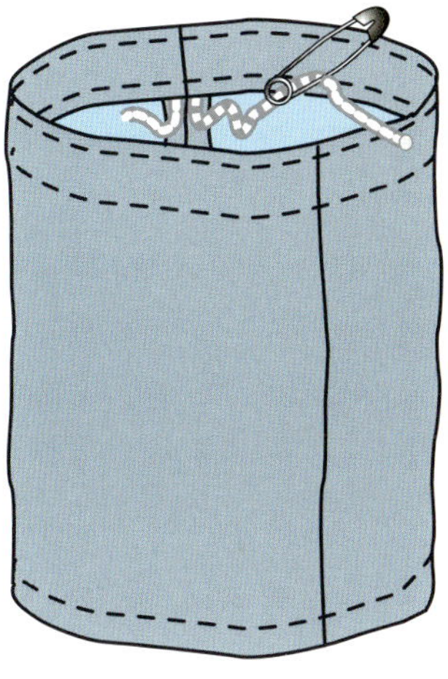

– Jetzt das Gummiband mit einer Sicherheitsnadel einziehen (wobei Kinder gerne helfen). Die richtige Taillenweite bei einer Anprobe ermitteln, 4 cm zugeben und die Bandenden zusammennähen oder -knoten.

Den Umhang nähen

– Den Umhangstoff an einer Längskante mit der Zackenschere versäubern: Das wird die Unterkante. Die Webkanten müssen nicht versäubert werden.

– Für den Durchzug die obere Schnittkante wie den Rock säumen: mit einem Umschlag von 4 cm und einem Einschlag von 1 cm. Das Bügeln vor dem Steppen nicht vergessen! Danach eine zweite Naht 1 cm unterhalb der oberen Bruchkante steppen.

– In den 2 cm breiten Durchzug die schwarze Kordel mit einer Sicherheitsnadel einziehen (das machen Kinder gern).

– Auch bei der Verzierung sind Kinder sicher dabei: Mit der vorbereiteten Kartonschablone 3 bis 4 Fledermäuse auf das gummierte Glanzpapier übertragen und ausschneiden.

– Für die Augen zuerst alle alten Schnipsel aus dem Locher entfernen. Danach aus schwarzem Papier perfekt runde Augen ausstanzen und mit Alleskleber auf die Fledermäuse kleben. (Ansonsten tut's auch ein schwarzer Filzstift.) Die Fledermäuse sorgfältig auf der Rückseite befeuchten, auf den Umhang kleben und bis zum Trocknen mit Büchern beschweren. Vor der Weiterverwendung des Umhangs lässt sich das Glanzpapier leicht ablösen.

Den Pony anfertigen

– Zu Beginn die künstlichen Perückenhaare oder die Wollhaare mit der Nähmaschine auf ein Stück Schrägband steppen. Dabei ruhig mehrmals darüber nähen, damit sich nichts löst. (Siehe auch Anleitung Clown auf Seite 28.)

– Den fertigen Pony auf die linke Seite des diagonal gefalteten Kopftuchs stecken, sodass die Haare bei der Anprobe über die Stirn fallen. Anschließend das Band mit weiter Sticheinstellung an der Nähmaschine aufsteppen; so lässt sich die Naht später leicht auftrennen und das Tuch ohne den Pony weiterverwenden. (Wer darauf keinen Wert legt, kann die

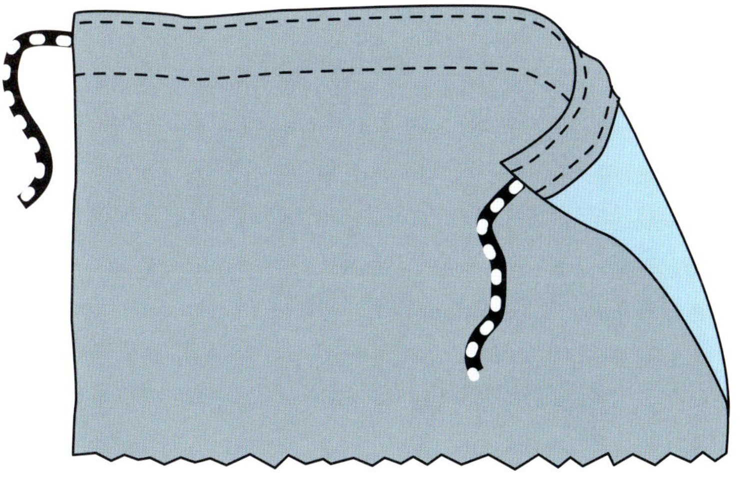

Haare auch mit Klebstoff befestigen.) Zum Schluss die Haare nach Bedarf in Form schneiden.

Die übrige Ausstattung

Ein schwarzes T-Shirt, eine schwarze Strumpfhose und große Pantoffeln (oder Stiefel, wenn im Freien gefeiert wird) sind die Basisgarderobe des Hexenkostüms. Außerdem darf der Besen nicht fehlen. Wer eine Deko-Fledermaus findet, befestigt sie vorn am T-Shirt.

Schminktipps

Zur Hexe passen dunkler Puder mit Glitzereffekt, schwarz konturierte Augen und dunkler Lidschatten. Die Nasenspitze hellrot und den Mund dunkelrot bemalen. Mit spezieller Farbe lässt sich – als Zahnlücke – ein Zahn schwarz färben.

Variationen

Einen ähnlichen Umhang, jedoch mit breitem Kragen, finden Sie beim Zauberer in diesem Buch (Seite 46).

Weitere Ideen zum Ausstaffieren einer Hexe:
Auf der Schulter oder dem Besen sitzt ein schwarzer Rabe. Ein Buckel (z. B. Füllwatte in einer Stoffhülle) wird am T-Shirt mit einigen Stichen angenäht. Kinder, die gern handarbeiten, können anstelle der aufgeklebten Fledermäuse schwarze oder bunte Flicken mit dickem Garn annähen.

Marienkäfer

Da fliegt er, der freundliche Marienkäfer! Der flauschige Overall aus Fleecestoff ist gerade bei kaltem Faschingswetter ideal. Er kann später zum Spiel- oder Schlafanzug werden, denn Flügel und Kopfbedeckung sind nicht daran festgenäht. Entfernt man die Fühler, kann man sogar die Mütze weiter nutzen.

Material

Für Overall und Flügel:

- schwarzer Fleece-Stoff, bei einer Breite von 150 cm je nach Körpergröße des Kindes:
  - 190 cm für 99–110 cm
  - 220 cm für 111–122 cm
  - 250 cm für 123–134 cm
  - 280 cm für 135–146 cm
  - 310 cm für 147–158 cm
- 75 cm roter Futtertaft, 140 cm breit
- schwarzer Reißverschluss:
  - 35 cm für 99–110 cm
  - 40 cm für 111–134 cm
  - 45 cm für 135–146 cm
  - 50 cm für 147–158 cm
- 120 cm Hosengummiband
- 200 cm gefalztes schwarzes Schrägband
- 1 Pfeifenputzer (Chenilledraht), 50 cm lang, 9 mm dick
- 1 Nähfrei-Druckknopf
- Trinkglas
- Zackenschere
- Textilkleber
- farblich passendes Nähgarn
- das übliche Zuschneide- und Nähmaterial (siehe Seite 8 f.)

Für die übrige Ausstattung:

- rote Stiefel
- (Faschings-) Schminke

Schnittübersicht

Sie finden die abgebildeten Teile auf Bogen A rot gezeichnet (2a, 2b), rosa gezeichnet (3a, 3b), grau gezeichnet (4) und schwarz gezeichnet (5, 6, 7). Die verschiedenen Konturen beziehen sich auf unterschiedliche Körpergrößen:

99–110 cm –·–·–·–·–·–·–·–

111–122 cm ··························

123–134 cm ----------------

135–146 cm --------------------

147–158 cm ————————

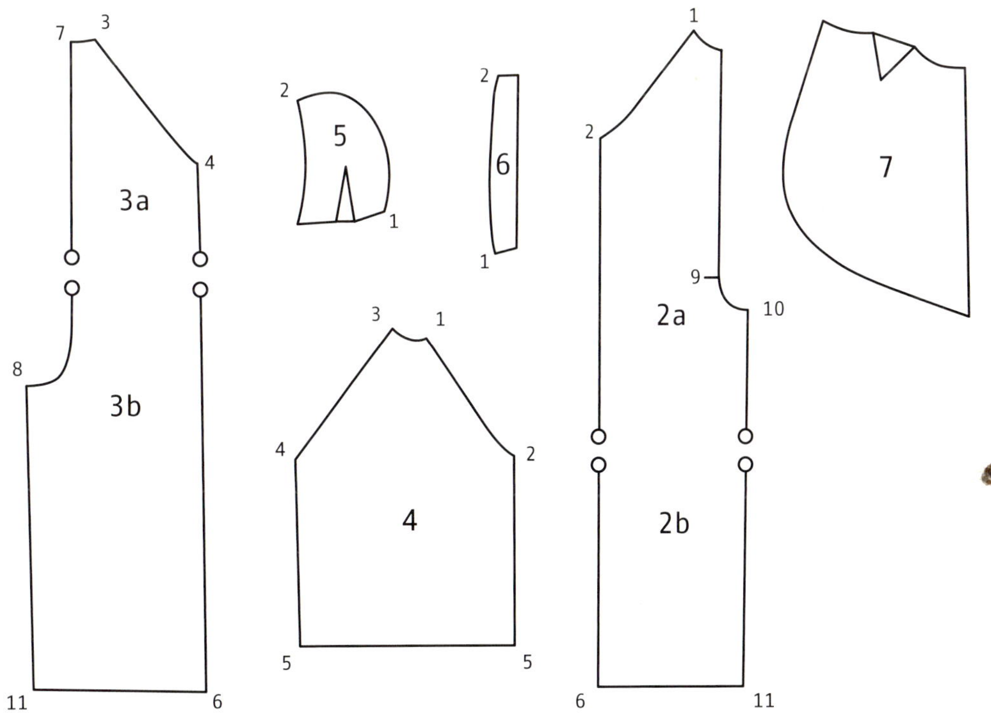

Zuschneidepläne

Schema für alle fünf Größen

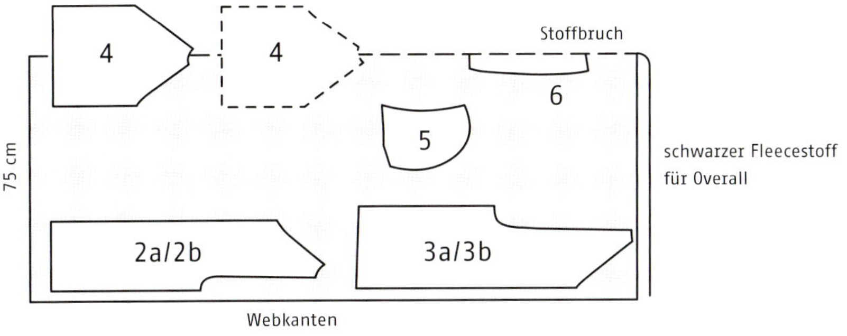

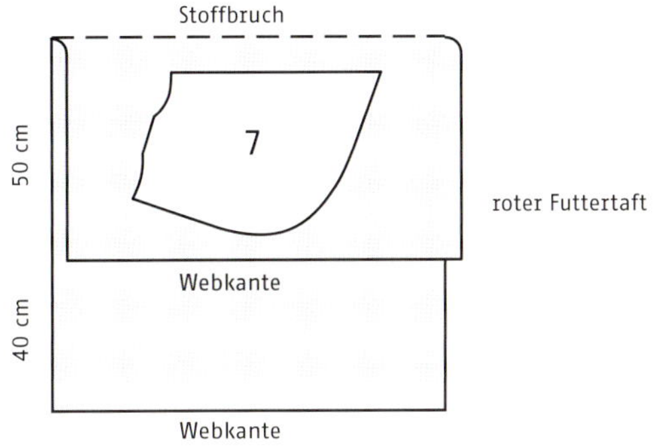

Overall und Flügel zuschneiden

– Zunächst die Teile vom Schnittmusterbogen A in der passenden Größe für das Kind auf Papier kopieren (siehe Seite 8). Dabei auch alle Markierungen und Nahtzahlen übertragen. Weil Vorder- und Rückenteil nicht in ganzer Länge auf den Schnittmusterbogen passen, kleben Sie beide Papierschnitte wie angegeben zusammen.

– Nun den Overallstoff auf die Hälfte rechts auf rechts zusammenfalten, beide Webkanten aufeinander. Die Teile 2a, 2b, 3a, 3b, 5 und 6 wie im Zuschneideplan gezeigt und im Fadenlauf auf den Stoff stecken, dabei genügend Rand für Naht- und Saumzugaben berücksichtigen (1 cm bzw. 4 cm).

– Alle Markierungen (ohne Fadenlauflinien) auf die linke Stoffseite übertragen und alles mit den Zugaben zuschneiden. Erst nach dem Aufklappen des Stoffs die Ärmel (Teil 4) zuschneiden, davon einmal seitenverkehrt. Sie erhalten:

2a/2b Overall-Vorderteil 2-mal (ohne Knopfleiste)
3a/3b Overall-Rückenteil 2-mal
4 Overall-Ärmel 2-mal
5 Mützen-Seitenteil 2-mal
6 Mützen-Mittelteil 1-mal (im Stoffbruch)

– Aus dem teilweise doppelt liegenden roten Stoff die Flügel zuschneiden, diesmal aber mit einer Zackenschere. Sie erhalten:

7 Flügel 2-mal

Den Overall nähen

> **Tipp:**
> Die Reihenfolge der Arbeitsschritte finden Sie auch beim Clownskostüm wieder, ergänzt durch zusätzliche Zeichnungen (siehe Seite 26).

– Zunächst beide Ärmelteile rechts auf rechts an die zugehörigen Raglankanten der Vorderteile stecken. Dabei müssen die gleichen Nahtzahlen in den Ecken zusammentreffen, hier also 1 auf 1 und 2 auf 2. Die Naht mit der Maschine steppen und – wie nach jedem Steppen – die Nahtzugaben auseinander bügeln.

– Auf dieselbe Weise die Rückenteile an die Ärmel steppen, zwischen den Nahtzahlen 3 und 4.

– Nun eine Overallhälfte so rechts auf rechts zusammenlegen, dass sich die Raglannähte unter den Armen genau treffen. Hier beginnend die äußere Beinnaht und die Ärmelnaht stecken und in einer durchgehenden Linie steppen: von Nahtzahl 5 bis 6 (Ärmelsaum bis Hosensaum). Die zweite Overallhälfte genauso verarbeiten.

– Für das Zusammensetzen der Overallhälften die Rückenteile an der rückwärtigen Mitte rechts auf rechts zusammensteppen:

vom Halsausschnitt (7) bis zum Schritt (8). Bei den Vorderteilen nur die kurze Naht zwischen Reißverschlussöffnung (9) und Schritt (10) schließen.

– Zum Schließen der inneren Beinnähte jedes Hosenbein rechts auf rechts zusammenstecken: genau im Schritt beginnend, wo sich beide Mittelnähte exakt treffen. Diese Naht von einem Hosenbeinsaum durchgehend bis zum anderen steppen (von 11 nach 11).

Reißverschluss

– Die Nahtzugaben beider Vorderkanten nach innen bügeln. Die Bruchkanten oben und in der Mitte gegeneinander stecken, damit sie sich beim Einsetzen des Reißverschlusses nicht verschieben.

– Den geschlossenen Reißverschluss, oben beginnend, unter den Schlitz stecken, mit groben Stichen von Hand heften und mit dem Reißverschlussfüßchen der Maschine feststeppen. Dazu den Reißverschluss öffnen.

Halsausschnitt

– Den Halsausschnitt mit gefalztem Schrägband versäubern. Dazu ein Stück Band abschneiden, das an beiden Enden 1 cm übersteht; sie werden später nach links geklappt.

– Jetzt die Kante entweder beidseitig in einem Arbeitsgang einfassen oder den Halsausschnitt mit dem Schrägband „unsichtbar" verstürzen (siehe Seite 11).

Gummizug-Säume

– An den Ärmeln und Hosenbeinen einen 4 cm breiten Saum zur linken Stoffseite falten und bügeln. Die Schnittkanten mit der Maschine knappkantig feststeppen; dabei jedoch 2 cm offen lassen, damit sich das Gummiband dort einziehen lässt.

– Die benötigte Gummibandlänge am Kind abmessen und je 4 cm zugeben. Beim Einziehen der Gummibänder mit einer Sicherheitsnadel in die Durchzugsäume können die Kinder helfen. Ein Trick, damit das „Schwänzchen" nicht nach innen schlüpft: Den Anfang mit einer Sicherheitsnadel feststecken. Die Enden des Bandes übereinander nähen oder verknoten.

Mütze

– Zuerst von links die Abnäher in die seitlichen Mützenteile steppen. Die Nähte ausbügeln.

– Dann die seitlichen Mützenteile mit dem Mittelteil rechts auf rechts zusammensteppen. Dabei treffen jeweils gleiche Nahtzahlen (1 und 2) aufeinander.

– Die äußeren Schnittkanten rund ums Gesicht mit einem 1 cm breiten Einschlag säumen.

– Zum Verschließen der Mütze (vorher am Kind maßnehmen) einen Nähfrei-Druckknopf anbringen.

– Für die Fühler einen schwarzen Pfeifenputzer (Chenilledraht) oben an zwei Stellen durch die Verbindungsnähte stecken, 6 cm vom Mützenrand entfernt. Jedes Ende zu einem Knoten biegen. Den Pfeifenputzer eventuell von innen mit ein paar Handstichen festnähen.

Die Flügel anfertigen

– An beiden Flügelteilen zunächst die Abnäher von links steppen und ausbügeln.

– Die Flügelteile rechts auf rechts an der rückwärtigen Mitte bis zur Markierung zusammensteppen. Die Nahtzugaben auseinander bügeln sowie die fortlaufenden Schnittkanten nach links bügeln.

– Ein gefalztes Schrägband von 150 cm Länge dient als Einfassung und Bindeband zugleich. Die Mitte des längs zusammengebügelten Bandes von

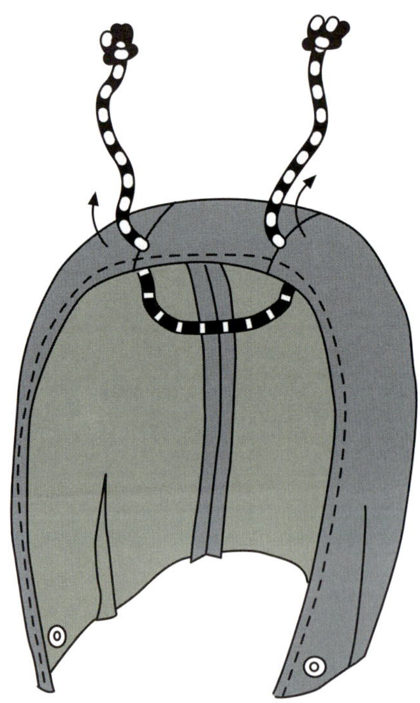

der Mittelnaht aus oben ans Flügelpaar stecken (siehe auch Seite 11), alle Schnittkanten verschwinden darin. Die Enden hängen lose herab.

– Die Enden des Schrägbandes 1 cm einschlagen. Dann das Band der gesamten Länge nach zusammensteppen.

– Hier helfen Kinder gern: Für die schwarzen Punkte ein Trinkglas mehrfach auf die schwarzen Fleecestoffreste stellen. Die Kreisform mit heller Schneiderkreide übertragen, die Punkte ausschneiden und mit Textilkleber auf die Flügel kleben.

Die übrige Ausstattung

Komplett wird das Marienkäfer-Kostüm mit leuchtend roten Gummistiefeln.

Schminktipps

Mit rotem Lippenstift rote Wangen und einen dicken Tupfen auf die Nase malen. Dazu passt eine schwarze Umrandung der Augen.

Variationen

Den Overall finden Sie, leicht abgewandelt, auch beim Clown (Seite 24 ff.) und Vogel (Seite 30 ff.).

Weitere Ideen:

Für eine Biene nähen Sie die Flügel einfach aus gelb-schwarz gestreiftem Stoff.

Hase, Bär, Hund, Tiger, Kuh, Maus, Katze oder ein rosa Schweinchen: Solche Tierkostüme lassen sich leicht anfertigen, wenn Sie den Overall aus passendem Plüschstoff nähen. An die Mütze nähen Sie die entsprechenden Ohren und hinten an den Overall einen Schwanz nach Art des Tieres.

Clown

Ob Sie rote oder grüne Haare, karierten oder gestreiften Stoff für den Clown wählen – dieses Kostüm lässt sich beliebig und fantasievoll abwandeln. Und natürlich sollten auch die Kinder bei der Ausschmückung mithelfen. Varianten für dieses Schnittmuster finden Sie am Ende dieser Anleitung. Nach dem Fest kann der Overall übrigens zum Schlaf- oder Spielanzug werden.

Material

Für den Overall:

- bunter Baumwollstoff, bei einer Breite von 115 cm je nach Körpergröße des Kindes:
  190 cm für 99–110 cm
  285 cm für 111–122 cm
  320 cm für 123–134 cm
  355 cm für 135–146 cm
  390 cm für 147–158 cm
- 60 cm gefalztes Schrägband
- 100 cm Bügel-Saumvlies
- 100 cm Hosengummiband
- 5 bis 10 Nähfrei-Druckknöpfe (je nach Größe des Overalls)
- 150 cm Stickereispitze, mindestens 10 cm breit
- 150 cm rotes Taftband, 3 cm breit
- farblich passendes Nähgarn
- das übliche Zuschneide- und Nähmaterial (siehe Seite 8 f.)

Für die übrige Ausstattung:

- 50 g rote Wolle
- Küchenbrett oder Buch
- 60 cm gefalztes Schrägband
- schwarzer runder Hut
- Alleskleber
- grüner Topfputzer
- 200 cm grünes Taftband
- rot-weiße Ringelstrumpfhose
- Stiefel oder Turnschuhe
- (Faschings-) Schminke

Schnittübersicht

Sie finden die abgebildeten Teile auf Bogen A rot gezeichnet (2a, 2b), rosa gezeichnet (3a, 3b) und grau gezeichnet (4). Die verschiedenen Konturen beziehen sich auf unterschiedliche Körpergrößen:

99–110 cm –·–·–·–·–·–·–·–
111–122 cm ·······················
123–134 cm - - - - - - - - - - - -
135–146 cm ------------------
147–158 cm ————————

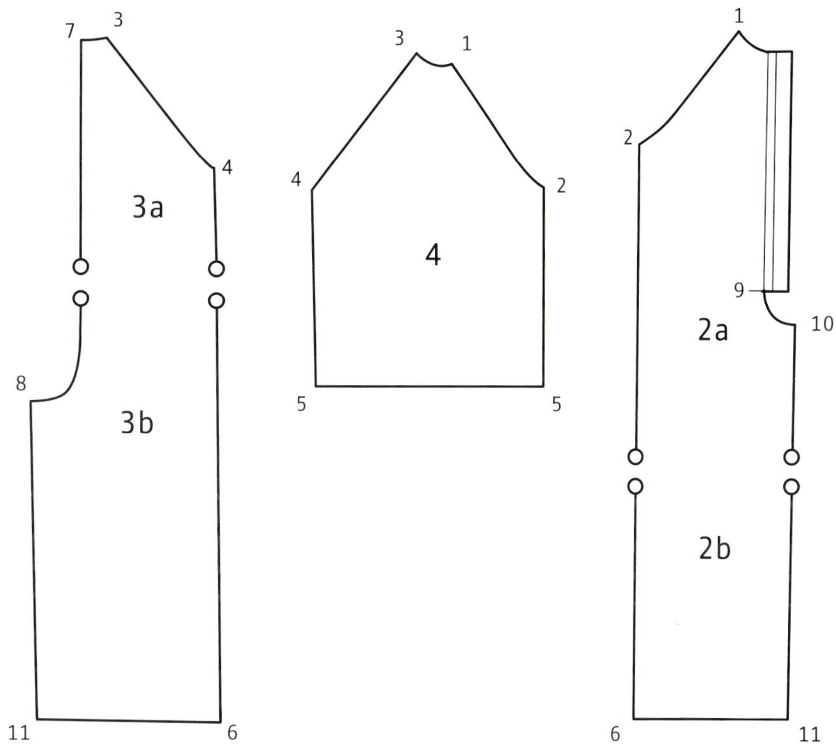

Zuschneidepläne

Schema für Größe 99–110

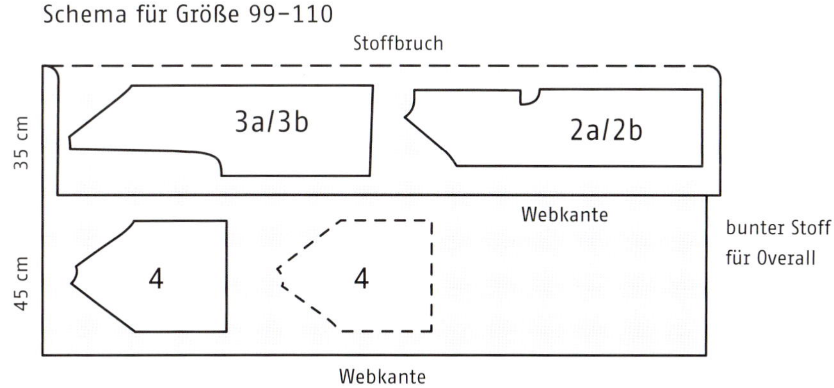

Schema für Größe 111–158

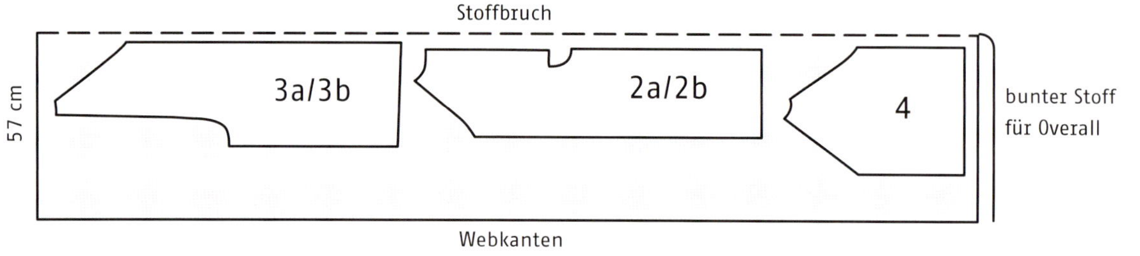

Den Overall zuschneiden

– Zunächst die Teile vom Schnittmusterbogen A in der passenden Größe für das Kind auf Papier kopieren (siehe Seite 8). Dabei auch alle Markierungen und Nahtzahlen übertragen. Weil Vorder- und Rückenteil nicht in ganzer Länge auf den Schnittmusterbogen passen, kleben Sie beide Papierschnitte wie angegeben zusammen.

– Nun den Overallstoff auf die Hälfte rechts auf rechts zusammenfalten, beide Webkanten aufeinander. Die Teile wie im Zuschneideplan gezeigt und im Fadenlauf auf den Stoff stecken, dabei genügend Rand für Naht- und Saumzugaben berücksichtigen (1 cm bzw. 4 cm).

– Alle Markierungen (ohne Fadenlauflinien) auf die linke Stoffseite übertragen und alles mit den Zugaben zuschneiden. Beim Zuschneideplan für Gr. 99–110 zeigt der gestrichelte Ärmel, dass er einmal seitenverkehrt gelegt werden muss.

Sie erhalten:

2a/2b Overall-Vorderteil 2-mal (mit Knopfleiste)

3a/3b Overall-Rückenteil 2-mal

4 Overall-Ärmel 2-mal

Den Overall nähen

– Zunächst beide Ärmelteile rechts auf rechts an die zugehörigen Raglankanten der Vorderteile stecken. Dabei müssen die gleichen Nahtzahlen in den Ecken zusammentreffen, hier also 1 auf 1 und 2 auf 2. Die Naht mit der Maschine steppen und – wie nach jedem Steppen – die Nahtzugaben auseinander bügeln.

– Auf dieselbe Weise die Rückenteile an die Ärmel steppen, zwischen den Nahtzahlen 3 und 4.

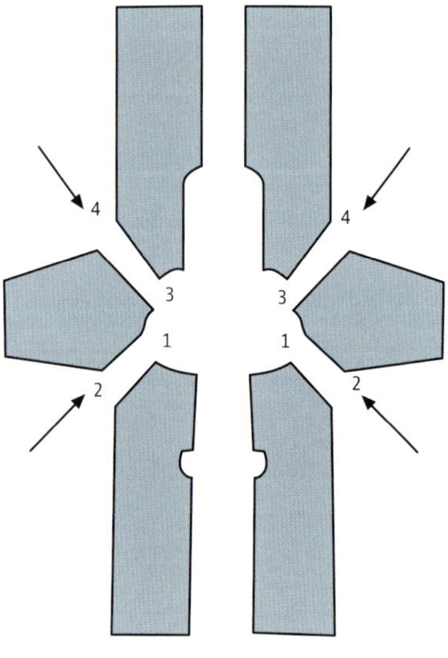

– Nun eine Overallhälfte so rechts auf rechts zusammenlegen, dass sich die Raglannähte unter den Armen genau treffen. Hier beginnend die äußere Beinnaht und die Ärmelnaht stecken und in einer durchgehenden Linie steppen: von Nahtzahl 5 bis 6 (Ärmelsaum bis Hosensaum). Die zweite Overallhälfte genauso verarbeiten.

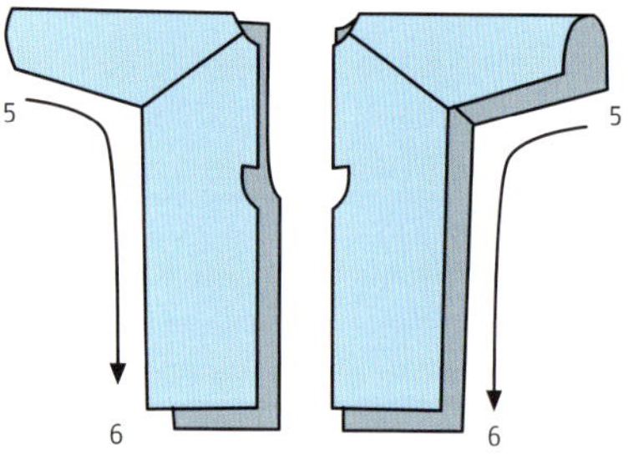

– Um die Overallhälften zusammenzusetzen, die Rückenteile an der rückwärtigen Mitte rechts auf rechts zusammensteppen: vom Halsausschnitt (7) bis zum Schritt (8). Bei den Vorderteilen nur die kurze Naht zwischen Knopfleiste (9) und Schritt (10) schließen.

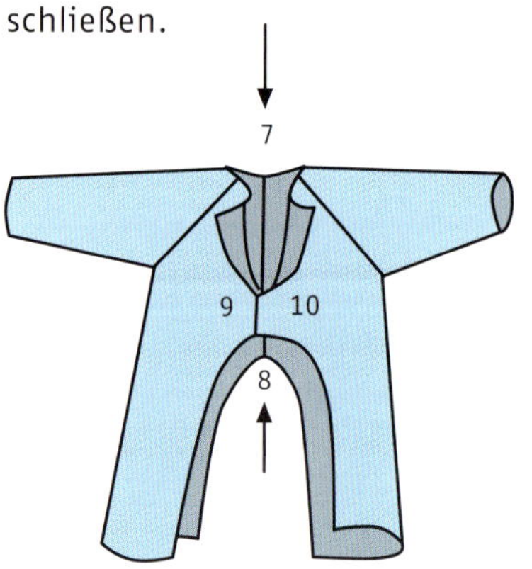

– Zum Schließen der inneren Beinnähte jedes Hosenbein rechts auf rechts zusammenstecken: genau im Schritt beginnend, wo sich beide Mittelnähte exakt treffen. Diese Naht von einem Hosenbeinsaum durchgehend bis zum anderen steppen (von 11 nach 11).

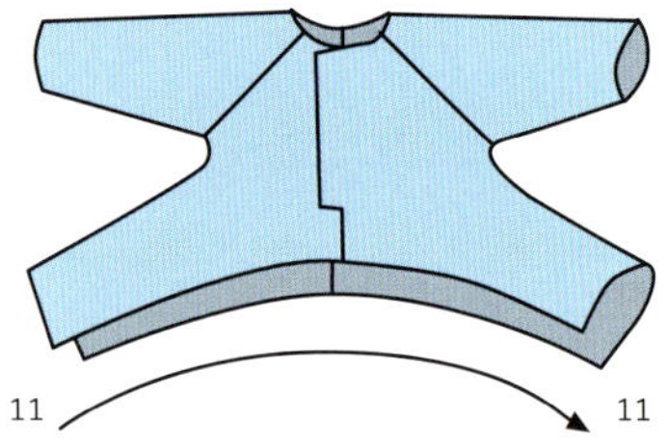

Knopfleiste

– An beiden Seiten des Vorderteils den überstehenden Knopfleistenstoff an der eingezeichneten Linie nach innen bügeln. Zur Verstärkung Bügel-Saumvlies passend zuschneiden und jeweils dort zwischen die zwei Stofflagen bügeln. Die Knopfleisten einzeln rundherum mit der Maschine absteppen: also den oben liegenden Übertritt und den Untertritt.

– Den Übertritt unten schräg einklappen und diese kurze schräge Kante auf den Untertritt steppen.

– Die Stellen für die Nähfrei-Druckknöpfe etwa im Abstand von 5 cm markieren. Die Knopfteile in Über- und Untertritt der Knopfleiste einschlagen.

Halsausschnitt

– Den Halsausschnitt mit gefalztem Schrägband versäubern. Dazu ein Stück Band abschneiden, das an beiden Enden 1 cm übersteht; sie werden später nach links geklappt.

– Jetzt die Kante entweder beidseitig in einem Arbeitsgang einfassen oder den Halsausschnitt mit dem Schrägband „unsichtbar" verstürzen (siehe Seite 11).

Gummizug-Säume

– An den Ärmel- und Hosenbeinen einen 4 cm breiten Saum zur linken Stoffseite falten, stecken und bügeln. Die Schnittkanten nochmals 1 cm breit einschlagen, stecken und bügeln. Diesen Einschlag mit der Maschine knappkantig feststeppen; dabei jedoch 2 cm offen lassen, damit sich das Gummiband dort einziehen lässt.

– Die benötigte Gummibandlänge am Kind abmessen und je 4 cm zugeben. Beim Einziehen der Gummibänder mit einer Sicherheitsnadel in die Durchzugsäume können die Kinder helfen. Ein Trick, damit das „Schwänzchen" nicht nach innen schlüpft: Den Anfang mit einer Sicherheitsnadel feststecken. Die Enden des Bandes übereinander nähen oder verknoten.

Den Spitzenkragen anfertigen

– Den 150 cm langen Spitzenstreifen an beiden Schmalseiten säumen; dazu die Kanten zweimal 1 cm einschlagen und steppen.

– Für den Durchzug die lange Schnittkante des Spitzenstreifens 3 cm nach links falten, bügeln und steppen.

– Beim Einziehen des roten langen Taftbandes kann das Kind wieder helfen. Den Kragen später einfach um den Hals binden. Die Spitze lässt sich nach dem Fest weiternutzen, da sie weder zugeschnitten noch ans Kostüm genäht wird.

Hut und Frisur gestalten

– Beim „Haarschnitt" hilft Ihnen das Kind sicher gern. Über ein Küchenbrett (oder Buch), das mindestens so breit ist wie die Haare lang werden sollen, zunächst ein 60 cm langes Schrägband längs darüber legen; beide Enden hängen herab. Dann das Brett inkl. Schrägband mit der ganzen roten Wolle umwickeln.

– Zum Schluss die Wolle mit Hilfe des Schrägbandes vorsichtig vom Brett ziehen, sodass die Wolle am Schrägband hängt.

– Jetzt die Haare auf ca. 55 cm (vorher an der Hutweite abmessen) auseinander ziehen und mit reichlich Alleskleber ans Schrägband kleben; beides gut festdrücken und warten, bis der Kleber trocken ist. Man kann die Haare auch mit der Maschine aufs Schrägband steppen.

– Den Hut am besten seitlich an eine Tischkante legen, sodass die Krempe davor liegt und beim Befestigen der Frisur nicht stört. Jetzt den inneren Hutrand

mindestens 1 cm breit mit Kleber bestreichen und das Schrägband mit den Wollhaaren dort fest andrücken. Das Kleben wiederholen, bis sich die Haare nicht mehr lösen können.
– Danach probiert das Kind den Hut auf. Erst jetzt die Wollschlingen unten öffnen, um die Frisur in Form zu schneiden. Zur Zierde ein grünes Taftband um den Hut winden und festkleben. Zusätzlich einen grünen Topfreiniger mit rotem Garn annähen.

Die übrige Ausstattung

Zu den geringelten Strumpfhosenbeinen passen lustige Schuhe. Dafür jeweils 60 cm grünes Taftband um die Stiefel wickeln oder bei Turnschuhen anstelle der Schnürsenkel durch die Ösen ziehen. Das Band zu einer auffällig großen Schleife binden.

Schminktipps

Ein weißes Gesicht gehört ebenso zu einem lustigen Clown wie ein übergroßer Mund, den Sie – wie den roten Punkt auf der Nasenspitze – mit Lippenstift malen. Die Augen können Sie mit einem Kajalstift schwarz umranden. Nach oben und unten ziehen Sie einen kleinen schwarzen Strich.
Ein Tipp für Kinder mit Brille: Der äußere Rand der Gläser kann mit Wasserfarbe bemalt werden, die sich nach dem Fest leicht abwaschen lässt. Die Bemalung aber nicht zu üppig gestalten, damit das Kind den Durchblick behält und nicht durch ein zu enges Gesichtsfeld behindert ist.

Variationen

Den Overall finden Sie, leicht abgewandelt, auch beim Marienkäfer (Seite 19 ff.) und Vogel (Seite 30 ff.).
Weitere Ideen:
Für einen Zwerg kombinieren Sie den (einfarbigen) Overall mit einer spitzen Mütze, mit Gummistiefeln und vielleicht einer Schürze.

Für Charly Chaplin gestalten Sie Overall, Hut und Haare in Schwarz. Komplett wird das Kostüm mit einem schwarzen Stöckchen, weißen Hand- und Turnschuhen sowie einem kleinen aufgemalten Schnurrbärtchen.

Vogel

Bei diesem Vogelkostüm können Sie in bunten Farben schwelgen. Das Auswählen der Stoffe und Stoffreste und das Anfertigen der Federn macht übrigens auch Kindern Spaß. Nach dem Fest lässt sich der Overall als Spiel- oder Schlafanzug nutzen, da weder Flügel noch Mütze festgenäht sind.

Material

Für Overall und Flügel:

- grüner Fleece-Stoff, bei einer Breite von 150 cm je nach Körpergröße des Kindes:
  190 cm für 99–110 cm
  220 cm für 111–122 cm
  250 cm für 123–134 cm
  280 cm für 135–146 cm
  310 cm für 147–158 cm
- 90 cm grüner Futtertaft, 140 cm breit
- grüner Reißverschluss:
  35 cm für 99–110 cm
  40 cm für 111–134 cm
  45 cm für 135–146 cm
  50 cm für 147–158 cm
- 40 cm Hosengummiband
- 150 cm gefalztes grünes Schrägband
- Reststoffe in 8 Farben, jeweils (maximal) 20 × 95 cm
- 1 Nähfrei-Druckknopf
- gelber Filz, 10 × 20 cm
- Bügelvlies, 8 × 12 cm
- Textilkleber
- farblich passendes Nähgarn
- das übliche Zuschneide- und Nähmaterial (siehe Seite 8 f.)

Für die übrige Ausstattung:

- 2 Stücke gelber Tonkarton, 16 × 11 cm
- 40 cm Hutgummi
- Alleskleber
- Zackenschere
- Wäscheklammer
- gelbe Gummistiefel
- gelbe Gummihandschuhe
- (Faschings-) Schminke

Schnittübersicht

Sie finden die abgebildeten Teile auf Bogen A rot gezeichnet (2a, 2b), rosa gezeichnet (3a, 3b), schwarz gezeichnet (5, 6, 8, 9) und grau gezeichnet (4, 10, 11). Die verschiedenen Konturen beziehen sich auf unterschiedliche Körpergrößen:

99–110 cm –·–·–·–·–·–·–
111–122 cm ··················
123–134 cm - - - - - - - - - -
135–146 cm ------------------
147–158 cm ————————

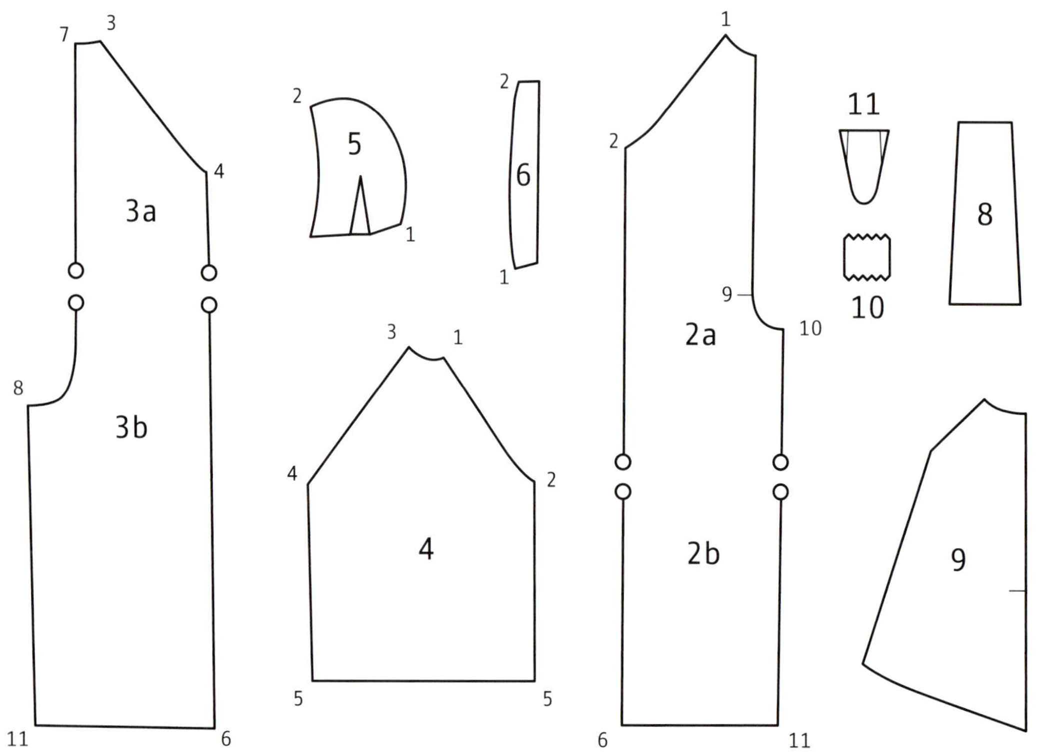

Zuschneidepläne

Schema für alle fünf Größen

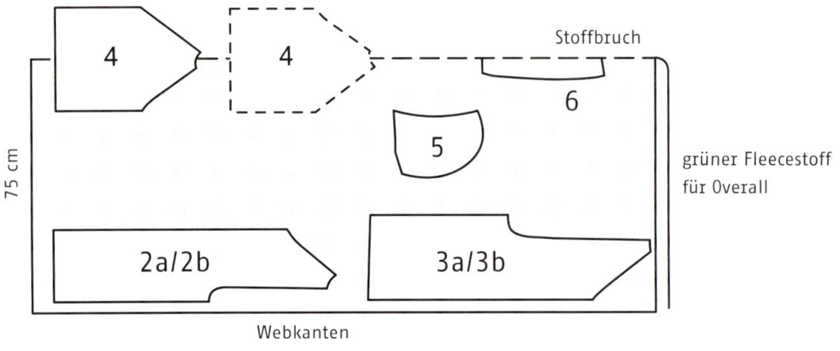

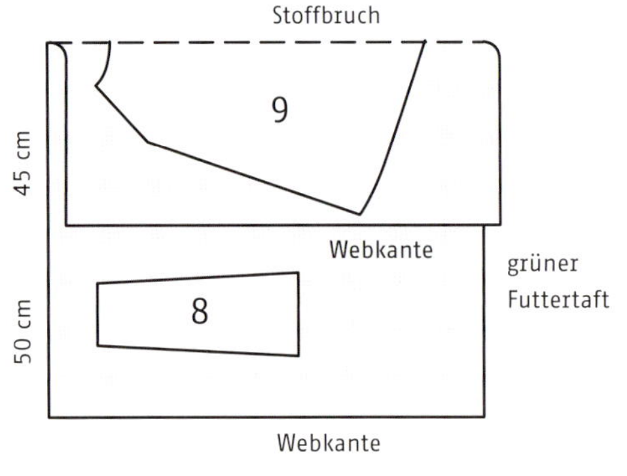

Overall, Flügel und Schnabel zuschneiden

– Zunächst die Teile vom Schnittmusterbogen A in der passenden Größe für das Kind auf Papier kopieren (siehe Seite 8). Dabei auch alle Markierungen und Nahtzahlen übertragen. Weil Vorder- und Rückenteil des Overalls nicht in ganzer Länge auf den Schnittmusterbogen passen, kleben Sie beide Papierschnitte wie angegeben zusammen.

– Nun den Overallstoff auf die Hälfte rechts auf rechts zusammenfalten, beide Webkanten aufeinander. Die Teile 2a, 2b, 3a, 3b, 5 und 6 wie im Zuschneideplan gezeigt und im Fadenlauf auf den Stoff stecken, dabei genügend Rand für Naht- und Saumzugaben berücksichtigen (1 cm bzw. 4 cm).

– Alle Markierungen (ohne Fadenlauflinien) auf die linke Stoffseite übertragen und alles mit den Zugaben zuschneiden. Nach dem Aufklappen des Stoffs die Ärmel (Teil 4) zuschneiden, davon einmal seitenverkehrt. Sie erhalten:

2a/2b Overall-Vorderteil 2-mal (ohne Knopfleiste)
3a/3b Overall-Rückenteil 2-mal
4 Overall-Ärmel 2-mal
5 Mützen-Seitenteil 2-mal
6 Mützen-Mittelteil 1-mal (im Stoffbruch)

– Aus dem teilweise doppelt liegenden grünen Futterstoff das Flügelpaar und den Schopf zuschneiden, diesmal aber mit einer Zackenschere. Sie erhalten:

8 Schopf-Grundform 1-mal (im Stoffbruch)
9 Flügelpaar 1-mal (im Stoffbruch)

– Den Kamm aus gelbem Filz und den Schnabel aus gelbem Tonkarton zuschneiden:

10 Kamm 2-mal,
11 Schnabel 2-mal

– Die Federstreifen aus 8 verschiedenen Stoffen zuschneiden. Schön sieht es aus, wenn sich glänzende und matte Stoffe abwechseln. Sie benötigen:

8 Flügelfederstreifen, je 20 cm breit, in folgenden Längen: 35 cm, 45 cm, 50 cm, 55 cm, 60 cm, 65 cm, 70 cm und 75 cm.
8 Schopffederstreifen, je 20 × 20 cm.

Den Overall nähen

– Zunächst beide Ärmelteile rechts auf rechts an die zugehörigen Raglankanten der Vorderteile stecken. Dabei müssen gleiche Nahtzahlen zusammentreffen, hier also 1 auf 1 und 2 auf 2. Die Naht mit der Maschine steppen und ausbügeln.

Tipp:
Die Reihenfolge der Arbeitsschritte finden Sie auch beim Clownskostüm, ergänzt durch zusätzliche Zeichnungen (siehe Seite 26).

– Auf dieselbe Weise die Rückenteile an die Ärmel steppen, zwischen den Nahtzahlen 3 und 4.
– Nun eine Overallhälfte so rechts auf rechts zusammenlegen, dass sich die Raglannähte unter den Armen genau treffen. Hier beginnend die äußere Beinnaht und die Ärmelnaht stecken und in einer durchgehenden Linie steppen: von Nahtzahl 5 bis 6 (Ärmelsaum bis Hosensaum). Die zweite Overallhälfte genauso verarbeiten.
– Für das Zusammensetzen der Overallhälften die Rückenteile an der rückwärtigen Mitte rechts auf rechts zusammensteppen: vom Halsausschnitt (7) bis zum Schritt (8). Bei den Vorderteilen nur die kurze Naht zwischen Reißverschlussöffnung (9) und Schritt (10) schließen.
– Zum Schließen der inneren Beinnähte jedes Hosenbein rechts auf rechts zusammenstecken: genau im Schritt beim Treffpunkt der Mittelnähte beginnend. Diese Naht von einem Hosenbeinsaum durchgehend bis zum anderen steppen (von 11 nach 11).

Reißverschluss

– Die Nahtzugaben beider Vorderkanten nach innen bügeln. Die Bruchkanten oben und in der Mitte gegeneinander stecken, damit sie sich beim Einsetzen des Reißverschlusses nicht verschieben.
– Den geschlossenen Reißverschluss, oben beginnend, unter den Schlitz stecken, mit groben Stichen von Hand heften und mit dem Reißverschlussfüßchen der Maschine feststeppen. Dazu den Reißverschluss öffnen.

Halsausschnitt

– Den Halsausschnitt mit gefalztem Schrägband versäubern. Dazu ein Stück Band abschneiden, das an beiden Enden 1 cm übersteht; sie werden später nach links geklappt.
– Jetzt die Kante entweder beidseitig in einem Arbeitsgang einfassen oder den Halsausschnitt mit dem Schrägband „unsichtbar" verstürzen (siehe Seite 11).

Ärmel- und Hosenbeinsäume

– An den Ärmeln und Hosenbeinen einen 4 cm breiten Saum zur linken Stoffseite falten und bügeln. Die Schnittkanten mit der Maschine knappkantig feststeppen; dabei jedoch an den Ärmeln 2 cm offen lassen, damit sich das Gummiband später dort einziehen lässt.
– Die benötigte Gummibandlänge am Kind abmessen und je 4 cm zugeben. Beim Einziehen der Gummibänder mit einer Sicherheitsnadel in die Durchzugsäume können die Kinder helfen.

Die Enden des Bandes übereinander nähen oder verknoten.

Die Mütze nähen

– Zuerst von links die Abnäher in die seitlichen Mützenteile steppen. Die Nähte ausbügeln. Dann die seitlichen Mützenteile mit dem Mittelteil rechts auf rechts zusammensteppen. Dabei treffen jeweils gleiche Nahtzahlen (1 und 2) aufeinander.
– Die äußeren Schnittkanten rund ums Gesicht mit einem 1 cm breiten Einschlag säumen. Zum Verschließen der Mütze einen Nähfrei-Druckknopf anbringen.

Federschopf und Kamm anfertigen

– Beim „Formen" der Federn können Kinder mitmachen: Die 8 Streifen für den Schopf mit der Zackenschere fransig einschneiden: bis zur Hälfte und im Abstand von 2,5 cm. Die Enden spitz zuschneiden.

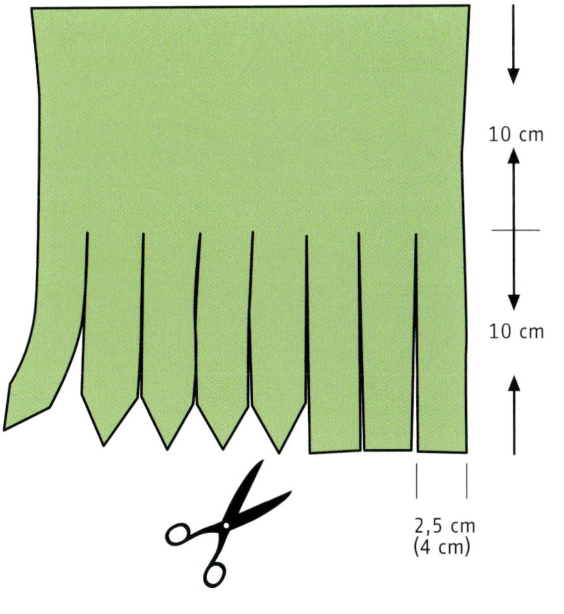

– Die Federstreifen so auf der Schopf-Grundform anordnen, dass sie wie Schuppen übereinander liegen. Die Reihen stehen außen zunächst über.
– Die Streifen feststecken und mit etwas Textilkleber ankleben. Rechts und links die Federn bei Bedarf zurückschneiden.
– Den Federschopf, oben mit 4 cm Überstand, auf die Fleece-Mütze legen und – mit nach innen geklapptem Überstand – feststeppen.
– Die beiden Kammteile aus Filz jeweils mit Bügelvlies verstärken, dabei die Zacken aussparen.
– Die oberen Kammhälften mit Textilkleber zusammenkleben, die unteren auseinander geklappt auf den Federschopf kleben.

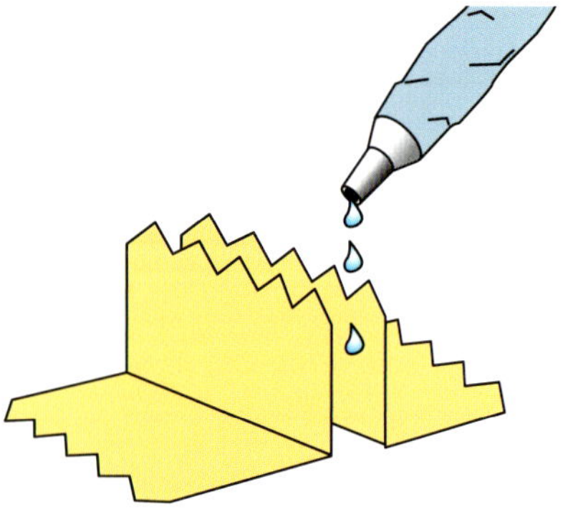

Das Flügelpaar gestalten

– Das Federkleid der Flügel ähnlich wie den Schopf anfertigen. Dazu an den 8 Streifen die Federn diesmal 4 cm breit zuschneiden. Auch die unteren Schnittkanten des Flügelpaars mit der Zackenschere federförmig einschneiden.
– Dann die 8 Federstreifen so der Größe nach darauf anordnen, dass sie wie Schuppen übereinander liegen. Der obere Streifen ragt zunächst über die Halsrundung hinaus. Die unteren 5 Streifen in der Mitte auseinander schneiden.
– Die Streifen wie beim Schopf aufs Flügelpaar kleben und an den Seiten und der Halsrundung zurechtschneiden.
– Ein gefalztes Schrägband von 150 cm Länge dient als Einfassung und Bindeband zugleich. Die Mitte des längs zusammengebügelten Bandes von der Mittelnaht aus oben ans Flügelpaar stecken (siehe auch Seite 11); alle Schnittkanten verschwinden im Band. Die Enden hängen lose herab.
– Die Enden 1 cm nach links einschlagen und das Band über die gesamte Länge zusammensteppen.

Die übrige Ausstattung

An beiden Schnabelteilen die Klebelaschen nach oben knicken, mit Alleskleber bestreichen und den Schnabel zusammenfügen. Eine Wäscheklammer sichert die Klebestelle. Mit einer dicken Nadel zwei Stücke Hutgummi rechts und links durch den Schnabel ziehen. Die Enden im Inneren einzeln, die anderen am Hinterkopf des Kindes miteinander verknoten. Den Schnabel über Mund oder Nase ziehen.
Perfekt ergänzt wird das Vogelkostüm mit gelben Gummihandschuhen und Stiefeln.

Schminktipps

Bemalen Sie Stirn und Wangen Ihres Kindes mit grünen Ornamenten. Die Augen betonen Sie mit schwarzer Kajalstift-Umrandung.

Variationen

Den Overall finden Sie, leicht abgewandelt, auch beim Marienkäfer (Seite 19 ff.) und Clown (Seite 24 ff.).
Weitere Ideen:
Für ein Storchenkostüm nähen Sie einen weißen Overall und schmücken ihn mit grauen und weißen Federn, mit roten Gummistiefeln und einem roten langen Schnabel (den Zauberhut von Seite 46 schmaler anfertigen).
Für einen Raben müssen Overall und Flügel natürlich ganz schwarz sein.
Für ein Pinguinkostüm empfehle ich zum weißen Overall schwarze Flügel und Gummistiefel.

Vergissmeinnicht

Hellblau ist die Blüte, das Grün symbolisiert die Blätter und das wenige Gelb den Blütenstaub: Wichtig ist die treffende Farbauswahl für solch ein Vergissmeinnicht-Kostüm, dessen Kleid nach dem Fest durchaus zum hübschen Nachthemd wird.

Material

Für Kleid und Kragen:

- hellblauer Stoff, bei einer Breite von 150 cm je nach Körpergröße des Kindes:
  180 cm für 99–110 cm
  195 cm für 111–122 cm
  210 cm für 123–134 cm
  225 cm für 135–146 cm
  240 cm für 147–158 cm
- hellgrüner Stoff:
  60 cm für 99–110 cm
  65 cm für 111–122 cm
  70 cm für 123–134 cm
  75 cm für 135–146 cm
  80 cm für 147–158 cm
- 140 cm hellblaues gefalztes Schrägband, 4 cm breit
- 100 cm hellblaues Samtband, 0,5 cm breit
- 100 cm Hosengummiband
- Bügelvlies, 14 × 138 cm
- farblich passendes Nähgarn
- das übliche Zuschneide- und Nähmaterial (siehe Seite 8 f.)

Für die übrige Ausstattung:

- 20 cm gelber Stoff, 90 cm breit
- hellblauer Tonkarton, 50 × 70 cm
- grüne Strumpfhose
- grüne Schuhe
- (Faschings-) Schminke

Schnittübersicht

Sie finden die abgebildeten Teile auf Bogen B schwarz gezeichnet (12a, 12b, 13a, 13b) und grau gezeichnet (14) sowie auf Bogen A schwarz gezeichnet (26, 27) und grau gezeichnet (15). Die verschiedenen Konturen beziehen sich auf unterschiedliche Körpergrößen:

99–110 cm –·–·–·–·–·–·–
111–122 cm ··················
123–134 cm - - - - - - - - -
135–146 cm -----------------
147–158 cm ————————

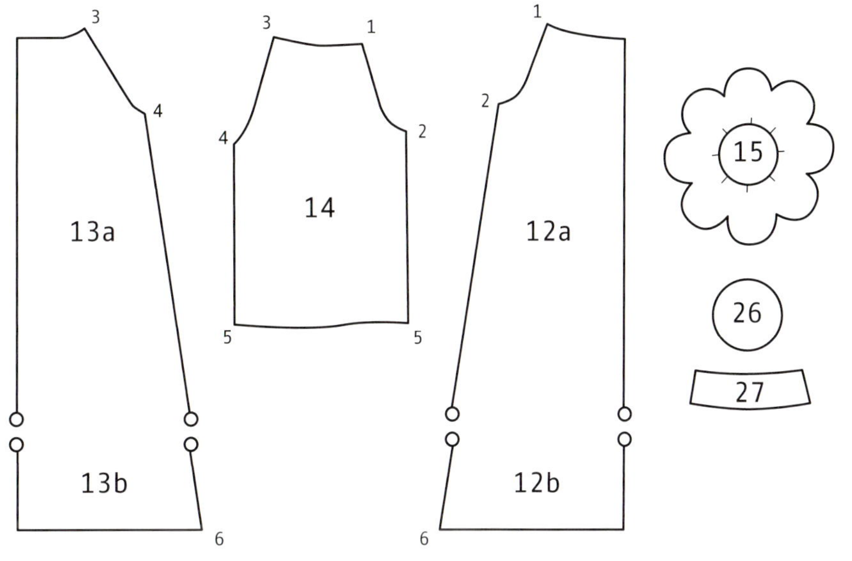

Zuschneidepläne

Schema für alle fünf Größen

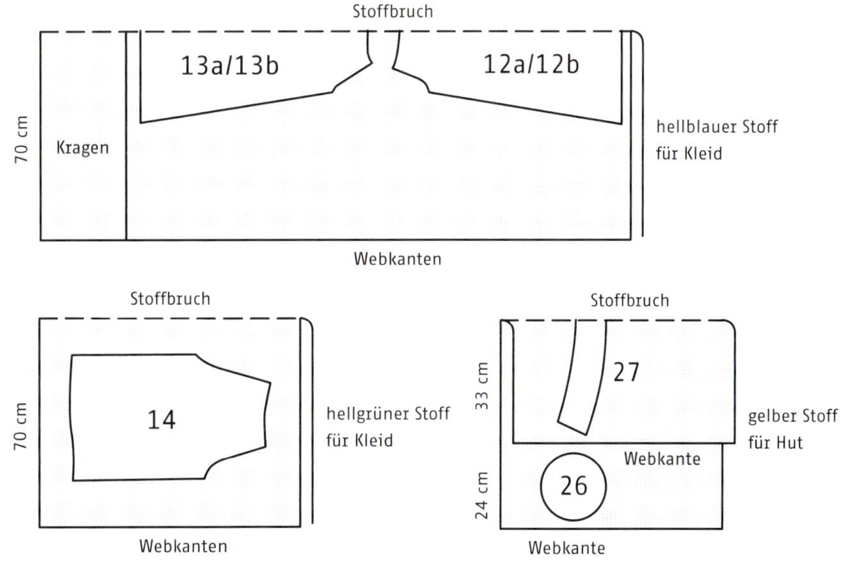

Kleid, Kragen und Hut zuschneiden

– Zunächst die Teile vom Schnittmusterbogen in der passenden Größe für das Kind auf Papier kopieren (siehe Seite 8). Dabei auch alle Markierungen und Nahtzahlen übertragen. Weil Vorder- und Rückenteil des Kleides nicht in ganzer Länge auf den Schnittmusterbogen passen, kleben Sie beide Papierschnitte wie angegeben zusammen. Die Blüte (Teil 15) direkt auf hellblaues Tonpapier durchpausen.

– Den hellblauen Stoff rechts auf rechts zusammenfalten, beide Webkanten liegen aufeinander. Die Schnittteile fürs Vorder- und Rückenteil wie im Zuschneideplan gezeigt und im Fadenlauf auf den Stoff stecken, dabei genügend Rand für Naht- und Saumzugaben berücksichtigen (1 cm bzw. 4 cm). Für den Kragen einen 30 × 140 cm langen Streifen abschneiden.

– Den Ärmel (14) auf den hellgrünen Stoff stecken, die Hutteile 26 und 27 auf den teilweise doppelt liegenden gelben Stoff.

– Alle Markierungen (ohne Fadenlauflinien) auf die linke Stoffseite übertragen und alles mit den Zugaben zuschneiden. Die Blüte ohne Zugaben aus dem Tonpapier und noch ohne die Einschnitte ausschneiden (hier helfen Kinder gern mit). Sie erhalten:

12a/12b Kleid-Vorderteil 1-mal (im Stoffbruch)
13a/13b Kleid-Rückenteil 1-mal (im Stoffbruch)
14 Kleid-Ärmel 2-mal
26 Hut-Boden 1-mal (im Stoffbruch)
27 Hut-Seitenteil 2-mal (im Stoffbruch)
Kragen 1-mal
15 Blüte 1-mal aus Karton

Kleid und Kragen nähen

– Zunächst beide Ärmelteile rechts auf rechts an die zugehörigen Raglankanten der Vorderteile stecken. Dabei treffen die gleichen Nahtzahlen zusammen, hier also 1 auf 1 und 2 auf 2. Die Naht mit der Maschine steppen und ausbügeln.

– Genauso die Rückenteile an die Ärmel steppen, zwischen den Nahtzahlen 3 und 4.

– Nun Vorder- und Rückenteil so rechts auf rechts zusammenlegen, dass sich die Raglannähte unter den Armen exakt treffen. Hier beginnend die seitlichen Kleidernähte und die Ärmelnähte stecken und in einer durchgehenden Linie steppen: von Nahtzahl 5 bis 6 (vom Ärmel- bis zum Kleidersaum).

Säume

– Für einen Durchzug am Halsausschnitt Schrägband verstürzt anbringen (siehe Seite 11). Dazu das Band von der hinteren Mitte aus auf die rechte Stoffseite des Halsausschnitts stecken, Schnittkante auf Schnittkante. Die Enden je 1 cm einschlagen, sodass die Faltkanten gegeneinander stoßen.

– Das Schrägband mit 0,5 cm Nahtzugabe ans Kleid steppen und die Nahtzugaben zum Kleid bügeln. Das Band nach links klappen, dort feststecken und so knappkantig steppen, dass ein 2 cm breiter Durchzugsaum entsteht. Durch eine 3 cm breite Öffnung ein 40 cm langes Hosengummiband mit Hilfe einer Sicherheitsnadel einziehen – eine Arbeit, die Kinder gern machen. Die Enden übereinander nähen oder verknoten.

– An den unteren Ärmelkanten und unten am Kleid einen 4 cm breiten Saum zur linken Stoffseite bügeln. Die Schnittkanten nochmals 1 cm breit einschlagen. Diesen Einschlag mit der Maschine knappkantig feststeppen; dabei jedoch an den Ärmeln eine 2-cm-Öffnung zum Einziehen des Gummibandes lassen.

– Die benötigte Gummibandlänge am Kind abmessen, je 4 cm zugeben und das Band mit einer Sicherheitsnadel in die Durchzüge einziehen. Die Enden übereinander nähen oder verknoten.

Kragen

– Zunächst den Streifen Bügelvlies zur Verstärkung so auf eine Hälfte des Kragenstoffs von links aufbügeln, dass an drei Seiten eine Zugabe von 1 cm bleibt. Dann die Schmalseiten des Stoffs 1 cm nach innen bügeln.

– Jetzt den Kragen längs rechts auf rechts auf die Hälfte zusammenstecken, das Bügelvlies liegt oben. Den Stoff mit einer Längsnaht zusammensteppen, genau an der Bügelvlieskante entlang.
– Diesen Stoffschlauch auf rechts wenden, die Naht genau an eine Längskante legen und bügeln. Für den Durchzug den Kragen 2 cm neben der Naht absteppen, dann die Schmalseiten (bis auf die Durchzugsöffnungen) schließen.
– Das blaue Samtband mit einer Sicherheitsnadel einziehen (das machen Kinder gern), damit der Kragen umgebunden werden kann.

Den Blütenhut anfertigen

– Wer keine gelbe Mütze oder Badekappe hat, näht ein einfaches Kopfteil. Dazu das Seitenteil an der Schmalseite rechts auf rechts zusammenstecken und dem Kind zur Probe aufsetzen. Die Nahtlinie nicht zu eng abmessen und markieren. Die Naht steppen.
– Jetzt dieses Seitenteil rechts auf rechts an den runden Hutboden steppen. Hatten Sie das Seitenteil verkleinert, fällt die Nahtzugabe am Hutboden entsprechend größer aus.
– Den unteren Rand schmal säumen, die Kante dazu zweimal 0,5 cm einschlagen und steppen.
– An der Kartonblüte aus dem hellblauen Tonkarton die eingezeichneten Einschnitte am Innenrand zuerst nur an vier Seiten vornehmen. Das Kind probiert die Blüte auf, bevor dann die richtige Passform durch weitere Einschnitte gefunden wird. Die Blüte lose über die gelbe Mütze stülpen oder eventuell mit einigen Handstichen annähen.

Die übrige Ausstattung

Komplett wird das Kostüm mit einer grünen Strumpfhose und grünen Schuhen.

Schminktipps

Am schönsten sieht ein zartes Make-up aus, mit zartem hellblauem Lidschatten und etwas Lippenstift. Tautropfen gibt es als Augen-Make-up zu kaufen.

Variationen

Das Kleid finden Sie, leicht abgewandelt, auch beim Prinzessinen-Kostüm dieses Buches (Seite 47 ff.).
Weitere Ideen:
Schauen Sie sich andere Blumen an und wählen Sie die passenden Farben oder auch Blütenformen für den Hut aus. Beispiele: Sonnenblume, Margerite, Stiefmütterchen oder Gerbera.

Zauberer

Geheimnisvolles Schwarz und glitzernde Materialien dominieren dieses Zaubererkostüm. Der Zweiteiler aus Nicki-Stoff wird nach den Karnevalstagen zum Jogginganzug. Wer Zeit sparen möchte, ersetzt den Anzug einfach durch eine schwarze Jeans und ein schwarzes Sweatshirt.

Material

Für Anzug und Umhang:

- schwarzer Nicki-Stoff, bei einer Breite von 150 cm je nach Körpergröße des Kindes:
  180 cm für 99–110 cm
  195 cm für 111–122 cm
  210 cm für 123–134 cm
  225 cm für 135–146 cm
  240 cm für 147–158 cm
- 90 cm rot-schwarzer Lurexstoff, 115 cm breit
- 20 cm goldener Lurexstoff, 80 cm breit
- 120 cm schwarze Kordel
- 60 cm Hosengummiband
- selbstklebende Sternchen
- Zackenschere
- 1 Stück Karton, 12 × 20 cm
- Textilkleber
- farblich passendes Nähgarn
- das übliche Zuschneide- und Nähmaterial (siehe Seite 8 f.)

Für die übrige Ausstattung:

- schwarzer Fotokarton, 50 × 70 cm
- Alleskleber
- Sternchen-Geschenkgirlande
- weißer oder grauer künstlicher Bart oder Fellstoff
- Holzstab
- schwarze Farbe
- schwarze Gummistiefel

Schnittübersicht

Sie finden die abgebildeten Teile auf Bogen B rosa gezeichnet (16, 17, 18, 21, 22, 23) sowie rot gezeichnet (19, 20). Die verschiedenen Konturen beziehen sich auf unterschiedliche Körpergrößen:

99–110 cm –·–·–·–·–·–·–

111–122 cm ·······························

123–134 cm ---------------

135–146 cm -------------------

147–158 cm ———————

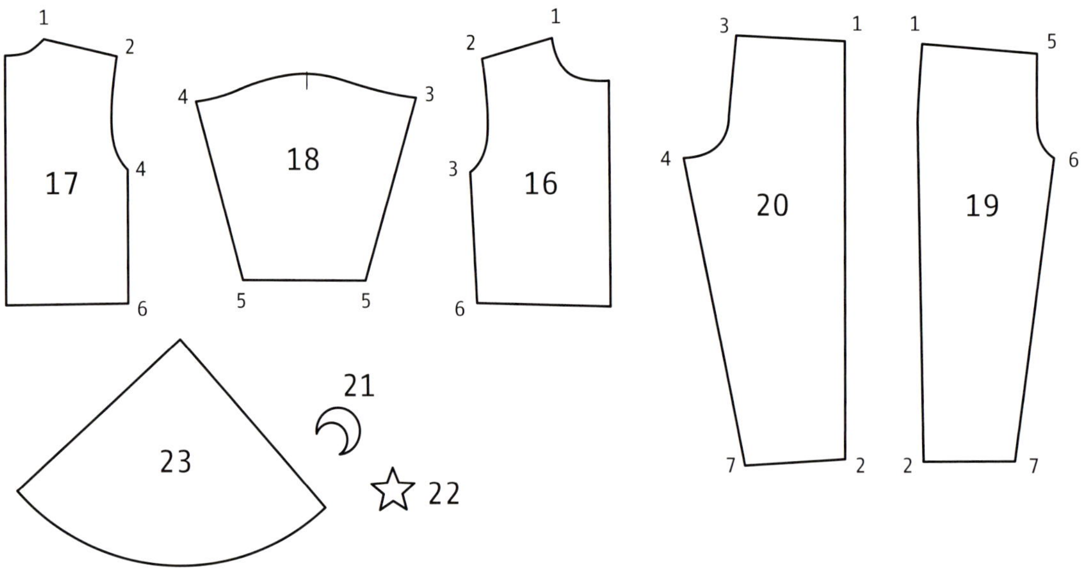

Zuschneidepläne

Schema für alle fünf Größen

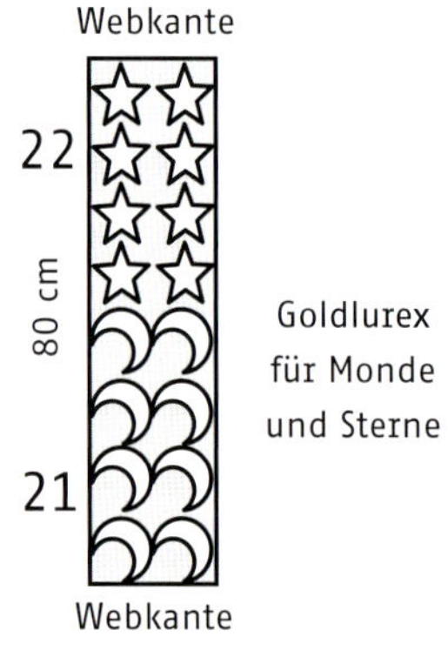

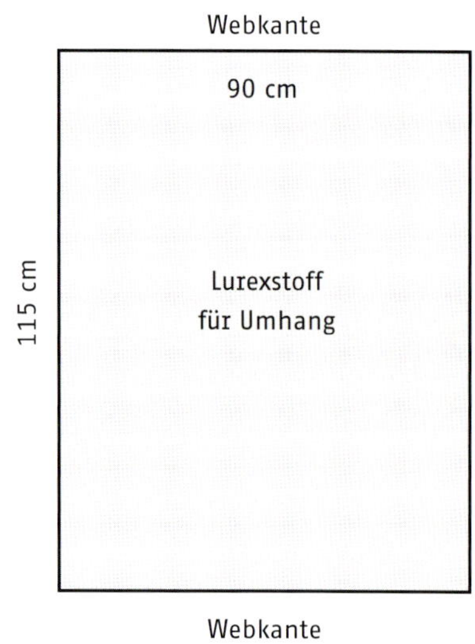

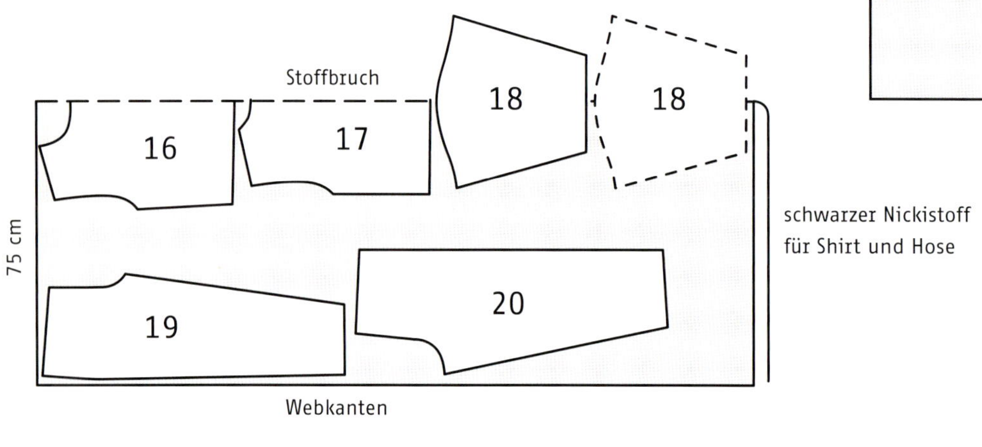

Anzug, Umhang und Hut zuschneiden

– Zunächst die Schnittteile 16 bis 20 vom Schnittmusterbogen in der passenden Größe für das Kind auf Papier kopieren (siehe Seite 8). Dabei auch alle Markierungen und Nahtzahlen übertragen. Mond und Stern (21, 22) auf Karton übertragen und ohne Zugabe als Schablone ausschneiden.

– Den Nickistoff auf die Hälfte zusammenfalten, rechts auf rechts, und mehrfach feststecken, da er sich leicht gegeneinander verschiebt. Die Webkanten liegen aufeinander.

– Die Schnittteile wie im Zuschneideplan und fadengerade auf den Stoff stecken (bis auf den Ärmel) und dabei genügend Rand für Naht- und Saumzugaben berücksichtigen (1 cm bzw. 4 cm). Weil Nickistoff einen „Strich" hat, sollen alle Teile gleich ausgerichtet sein.

– Alle Markierungen (ohne Fadenlauflinien) auf die linke Stoffseite übertragen und alles mit den Zugaben zuschneiden. Nach dem Aufklappen des Stoffs die Ärmel (18) zuschneiden, davon einmal seitenverkehrt. Sie erhalten:

16 Shirt-Vorderteil (ohne Knopfleiste) 1-mal im Stoffbruch
17 Shirt-Rückenteil 1-mal im Stoffbruch
18 Shirt-Ärmel 2-mal
19 vorderes Hosenteil 2-mal
20 rückwärtiges Hosenteil 2-mal

– Den Stoff für den Umhang (90 × 115 cm) nicht weiter zuschneiden.

– Monde und Sterne mit Hilfe der Kartonschablonen auf den goldenen Lurexstoff übertragen und ausschneiden. (Das ist etwas für die Kinder!):

21 Mond 8-mal
22 Stern 8-mal

– Den Zauberhut vom Bogen B (rosa) direkt auf den schwarzen Tonkarton übertragen und ausschneiden:

23 Zauberhut 1-mal.

Das Shirt nähen

– Vorder- und Rückenteil rechts auf rechts aufeinander stecken, sodass sich gleiche Nahtzahlen an den Schultern treffen: mit genügend Nadeln, denn Nickistoff „wandert" beim Nähen. Beide Schulternähte von 1 nach 2 steppen und die Nähte ausbügeln.

– Die Ärmelteile rechts auf rechts an die Armausschnitte steppen. Dabei treffen gleiche Nahtzahlen (3 und 4) aufeinander; die Ansatzzeichen der Ärmel stoßen an die Schulternähte.

– Schließlich von den Nähten unter den Armen aus die Seitennähte und die langen Ärmelnähte stecken und in einem Arbeitsgang von 5 nach 6 steppen.

– Die unteren Shirtkanten, den Halsausschnitt und die Ärmelbündchen schmal säumen; dazu die Schnittkanten zweimal 1 cm nach links umschlagen, bügeln und steppen.

Die Hose nähen

– Je ein vorderes und rückwärtiges Hosenteil rechts auf rechts an den Außenseiten zusammenstecken. Gleiche Nahtzahlen (1 und 2) treffen aufeinander. Diese Seitennähte mit der Maschine steppen, die Nähte ausbügeln.

– Nun die rückwärtige Mittelnaht vom Bund bis zum Schritt steppen (zwischen 3 und 4), danach die vordere Mittelnaht (zwischen 5 und 6).

– Zum Schließen der inneren Beinnähte jedes Hosenbein rechts auf rechts zusammenstecken: genau im Schritt beginnend, wo sich die Mittelnähte exakt treffen. Diese Naht durchgehend von einem Hosenbeinsaum bis zum anderen steppen (zwischen 7 und 7).

– Die Hosenbeine und den Bund säumen. Dazu die Kanten 4 cm nach links bügeln, die Schnittkante nochmals 1 cm einschlagen und steppen. Nur am Bund diese Naht an der rückwärtigen Mitte 2 cm offen lassen, denn hier wird später ein Hosengummiband eingezogen.

– Zur am Kind abgemessenen Bandlänge 4 cm zugeben, das Band mit einer Sicherheitsnadel einziehen (eine Aufgabe für Kinder) und die Enden übereinander nähen oder verknoten.

Den Umhang nähen

– Den Umhangstoff an der unteren Längskante mit der Zackenschere versäubern. Die (auf dem Foto schwarzen) Webkanten müssen nicht versäubert werden.
– Für den Umlegekragen den oberen Rand breit säumen. Dazu die Kante 11 cm breit nach links umschlagen, stecken und bügeln. Die Schnittkante 1 cm einschlagen, bügeln und knappkantig feststeppen. 2 cm daneben den Saum zusätzlich absteppen, damit ein Kordeldurchzug entsteht.
– Hier helfen Kinder gern mit: Die Webkanten mit selbstklebenden Sternchen (aus dem Schreibwarengeschäft) verzieren. Die aus dem goldenen Lurexstoff ausgeschnittenen Monde und Sterne mit Textilkleber auf den Umhang kleben. Die Kordel mit einer Sicherheitsnadel durch den Durchzug am Kragen ziehen, die Enden verknoten.

Den Zauberhut basteln

– Den Zauberhut-Karton vorbiegen (über eine Tischkante ziehen) und dann wie eine spitze Schultüte rollen. Die Öffnung an die Kopfgröße des Kindes anpassen, die Position der Schnittkante anzeichnen und den Hut mit Alleskleber zusammenkleben.
– Bei Bedarf den Rand in Form schneiden und eventuell ein Hutgummiband anbringen. Wobei Kinder gerne helfen: Den Hut mit einer Sternchen-Geschenkgirlande oder mit aufgeklebten goldenen Monden und Sternen verzieren.

Die übrige Ausstattung

Den künstlichen Bart oder das Fellstück in Form schneiden und eventuell mit Farbe aufhellen oder grau bemalen. Ein Hutgummiband anknoten. Das Rundholz für den Zauberstab schwarz anmalen, die Spitze mit angeklebtem Goldstoff (oder -papier) betonen. Effektvoll und sprühend wirkt eine Sternchengirlande. Schwarze Gummistiefel, eventuell ebenfalls mit Sternchen beklebt, machen das Kostüm perfekt.

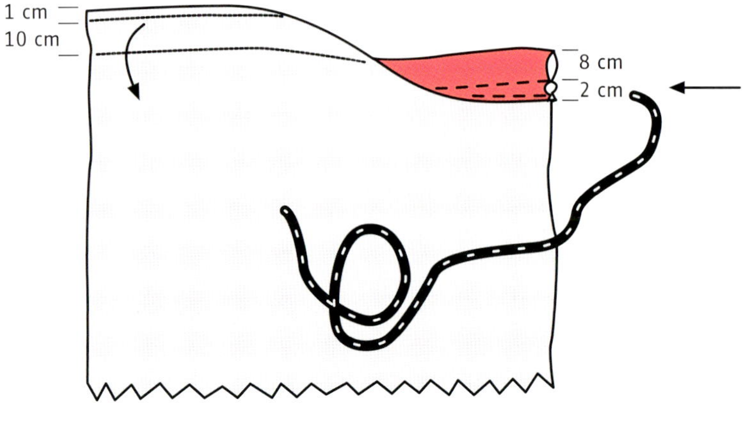

Schminktipps

Das Gesicht braun schminken und die Augen mit Kajalstift schwarz umranden.

Variationen

Einige der Kostümbestandteile finden Sie, leicht abgewandelt, auch bei anderen Kostümvorschlägen dieses Buches: bei der Hexe (Seite 15 ff.), beim Sultan (Seite 52 ff.) und beim Piraten (Seite 58 ff.).
Eine weitere Idee:
Für einen Schornsteinfeger kombinieren Sie den schwarzen Nicki-Anzug mit schwarzem Zylinder, weißen Handschuhen und einem Besen.

Prinzessin

Zarte Farben, Spitzenbesatz und die üppige Krone sorgen für die edle Wirkung des Gewandes unserer schönen Prinzessin. Doch auch dieses Kostüm kann nach Fasching anderweitig genutzt werden: Das Kleid kann beispielsweise zum Nachthemd und der Umhang wieder zur Tischdecke werden. Falls Sie lieber einen „richtigen" Umhang nähen möchten, wandeln Sie dazu den Schnitt des Zaubererumhangs (siehe Seite 41 ff.) ab. Wer mag, verziert das Kleid zusätzlich mit Blumen, Sternen oder Perlen, die man nach den närrischen Tagen wieder ablösen kann.

Material

Für Kleid und Umhang:
- weißer feiner Stoff, bei einer Breite von 140 cm je nach Körpergröße des Kindes:
  - 180 cm für 99–110 cm
  - 200 cm für 111–122 cm
  - 220 cm für 123–134 cm
  - 240 cm für 135–146 cm
  - 260 cm für 147–158 cm
- 1 runde Tischdecke, ca. ∅ 150 cm
- 120 cm weiße Spitze, 4 cm breit
- 120 cm weißes Schrägband, 4 cm breit
- 100 cm Hosengummiband
- ca. 200 cm goldenes breites Geschenkband
- farblich passendes Nähgarn
- das übliche Zuschneide- und Nähmaterial (siehe Seite 8 f.)

Für die übrige Ausstattung:
- 2 rechteckige goldene Tortenspitzen, 25 × 38 cm
- selbstklebende Glitzerpunkte
- einige Dekosteine
- lange Deko-Perlenschnur
- Kunststoffkugel
- goldene Bastelfarbe
- kleiner Dekofrosch
- Alleskleber
- weiße Strumpfhose
- feine Schuhe
- (Faschings-) Schminke

Schnittübersicht

Sie finden die abgebildeten Teile auf Bogen B schwarz gezeichnet (12a, 12b, 13a, 13b) und grau gezeichnet (14). Die verschiedenen Konturen beziehen sich auf unterschiedliche Körpergrößen:

99–110 cm –·–·–·–·–·–·–·–
111–122 cm ·····················
123–134 cm - - - - - - - - - - - -
135–146 cm -------------------
147–158 cm ————————

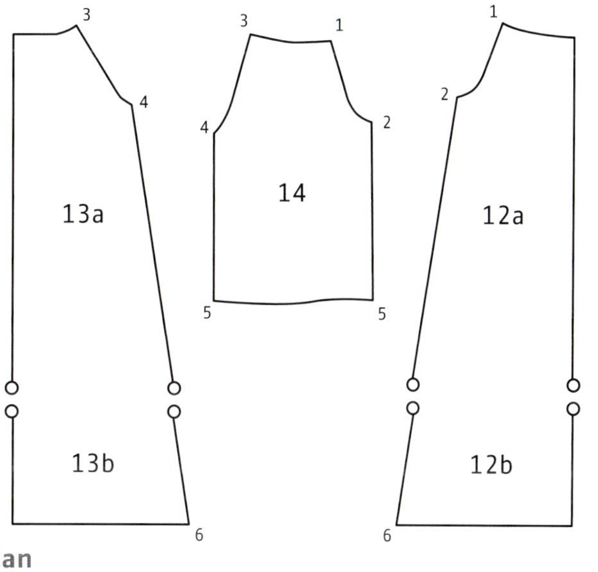

Zuschneideplan

Schema für alle fünf Größen

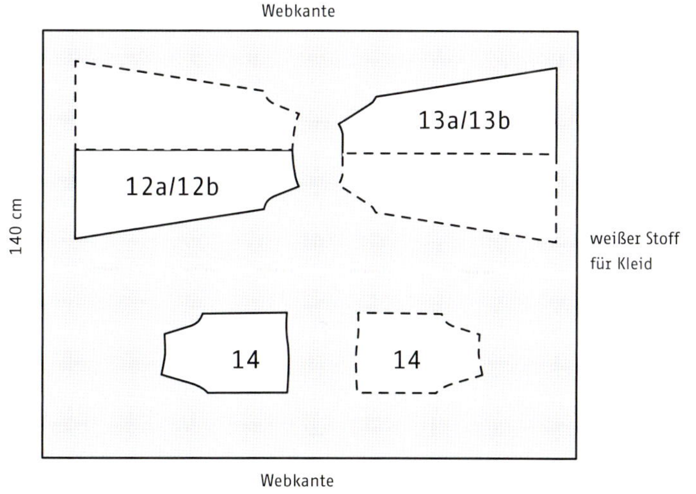

Das Kleid zuschneiden

– Zunächst die Schnittteile vom Schnittmusterbogen in der passenden Größe für das Kind auf Papier kopieren (siehe Seite 8). Dabei auch alle Markierungen und Nahtzahlen übertragen. Weil Vorder- und Rückenteil des Kleides nicht in ganzer Länge auf den Schnittmusterbogen passen, kleben Sie beide Papierschnitte wie angegeben zusammen.

– Die Schnittteile fürs Vorder- und Rückenteil wie im Zuschneideplan gezeigt und im Fadenlauf auf den einlagigen Stoff stecken, dabei genügend Rand für Naht- und Saumzugaben berücksichtigen (1 cm bzw. 4 cm). Die gestrichelten Linien zeigen an, dass diese Teile hier zusätzlich spiegelverkehrt aufgelegt werden müssen.

– Alle Markierungen (ohne Fadenlauflinien) übertragen und alles mit Zugaben zuschneiden. Sie erhalten:

12a/12b Kleid-Vorderteil 1-mal (im Stoffbruch)
13a/13b Kleid-Rückenteil 1-mal (im Stoffbruch)
14 Kleid-Ärmel 2-mal

Das Kleid nähen

– Zunächst beide Ärmelteile rechts auf rechts an die zugehörigen Raglankanten der Vorderteile stecken. Dabei treffen die gleichen Nahtzahlen zusammen, hier also 1 auf 1 und 2 auf 2. Die Naht mit der Maschine steppen und ausbügeln.

– Genauso die Rückenteile an die Ärmel steppen, zwischen den Nahtzahlen 3 und 4.

– Nun Vorder- und Rückenteil so rechts auf rechts zusammenlegen, dass sich die Raglannähte unter den Armen exakt treffen. Hier beginnend die seitlichen Kleidernähte und die Ärmelnähte stecken und in einer durchgehenden Linie steppen: von Nahtzahl 5 bis 6 (vom Ärmel- bis zum Kleidersaum).

Halsausschnitt und Ärmel

– Der Halsausschnitt erhält einen mit Schrägband verstürzten Durchzug (siehe Seite 11) und wird gleichzeitig mit Spitze verziert. Dazu zuerst die Spitze von der hinteren Mitte aus auf die rechte Stoffseite des Halsausschnitts stecken; sie liegt dabei mit der offenen Schnittkante auf der Schnittkante des Halsausschnitts. Darüber das Schrägband stecken, ebenfalls Schnittkante auf Schnittkante. Die vier Bandenden je 1 cm einschlagen, sodass die Faltkanten gegeneinander stoßen.

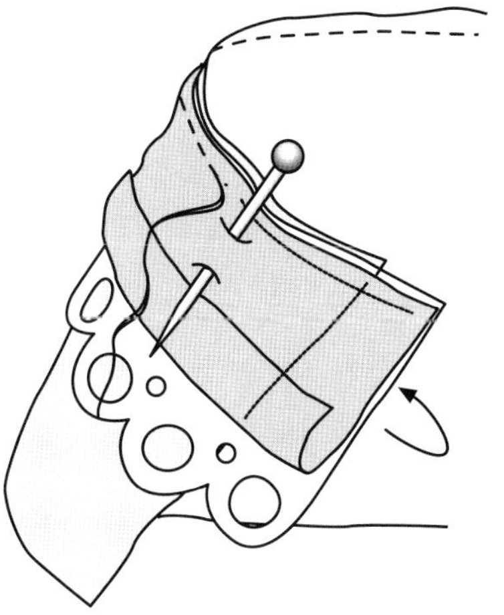

– Nun das Schrägband mit der Spitze gleichzeitig verstürzt ans Kleid steppen, aber mit einer nur 0,5 cm breiten Zugabe. Alle drei Nahtzugaben und den Schrägstreifen zum Kleid bügeln, die Spitze zeigt flach vom Kleid weg.

– Das Schrägband auf der linken Seite feststecken und knappkantig steppen, sodass ein 2 cm breiter Durchzug entsteht.

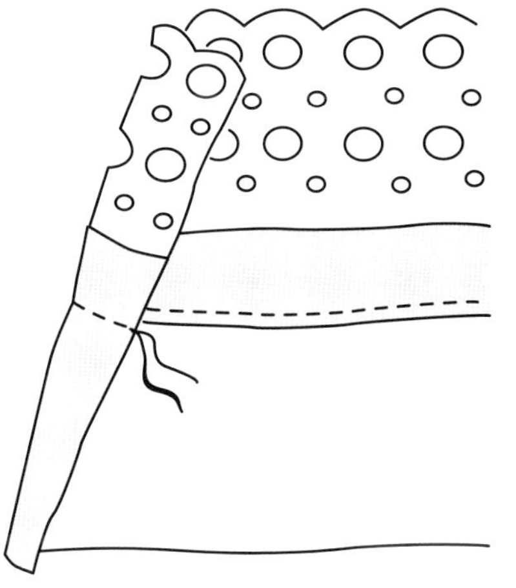

– In den Durchzug ca. 50 cm Hosengummiband mit Hilfe einer Sicherheitsnadel einziehen – eine Arbeit, die Kinder gern machen. Die Enden übereinander nähen oder verknoten.

– Die Ärmelsäume auf dieselbe Weise mit Spitze verzieren, gleichzeitig mit Durchzug versehen und Gummibänder einziehen.

Kleidersaum

– Nach einer Anprobe am Kind die untere Schnittkante des Kleides eventuell kürzen; dann den Saum 4 cm nach links umschlagen, stecken und bügeln.

– Die Schnittkante mit einem 1 cm breiten Einschlag versehen und diesen knappkantig feststeppen.

Den Umhang anfertigen

– Die runde Tischdecke flach ausbreiten. Das breite Geschenkband so darüber legen, dass etwa ein Viertel der Fläche abgeteilt wird. Die Enden des Bandes ragen beidseitig gleich lang darüber. In der Mitte das Band mit einer Sicherheitsnadel feststecken.

– Entlang des Bandes die abgeteilte Deckenfläche als Volantkragen umschlagen. Den Umhang seitlich auf die gewünschte Breite zusammenschieben, seitlich mit Sicherheitsnadeln fixieren und den Umhang umbinden.

Die Krone basteln

– Die zwei Tortenspitzen der Länge nach auf die Hälfte falten. Zwei Schmalseiten ein Stück ineinander schieben, sodass sich ein schönes Ornament bildet: die vordere Mitte der Krone. Die Tortenspitzen dort mit Alleskleber zusammenkleben.

– Die hinten noch offene Krone um den Kopf des Kindes legen, die Weite markieren und die Krone hinten zusammenkleben.

– Das vordere Ornament mit aufgeklebten Dekosteinen und kleinen bunten Glitzerpunkten verschönern.

Die übrige Ausstattung

Eine Deko-Perlenschnur, als üppige Kette um den Hals gelegt, veredelt das Kostüm zusätzlich. Als Hinweis auf das Märchen „Froschkönig", aus dem die Prinzessin entsprungen sein könnte, dient eine goldfarben bemalte Plastikkugel mit einem aufgeklebten Deko-Frosch. Eine weiße Strumpfhose und feine Schuhe runden die Erscheinung der jungen Dame ab.

Schminktipps

Zartes Make-up passt am besten zu einer Prinzessin: mit zartem Lidschatten und wenig Lippenstift.

Variationen

Das Kleid finden Sie, leicht abgewandelt, auch beim Vergissmeinnicht-Kostüm dieses Buches (Seite 36 ff.).
Weitere Ideen:
Als Schneewittchen trägt das Kind zum langen Kleid anstatt der Krone zwei lange schwarze Zöpfe.
Eine Fee staffieren Sie zum langen Kleid und Umhang mit üppigen Deko-Perlenketten aus und mit einem Hut aus weißem Karton (Modell Zauberhut von Seite 46). Daran einen dünnen Schleier befestigen: am besten ein Stück Spitzenvorhang oder Spitzentischdecke.
Bei einem Gespenst kombinieren Sie das weiße Kleid mit einem alten weißen Kopfkissenbezug. In diesen passende Augenlöcher schneiden, dick schwarz umranden und eventuell mit einen rot aufgemalten Mund ergänzen.

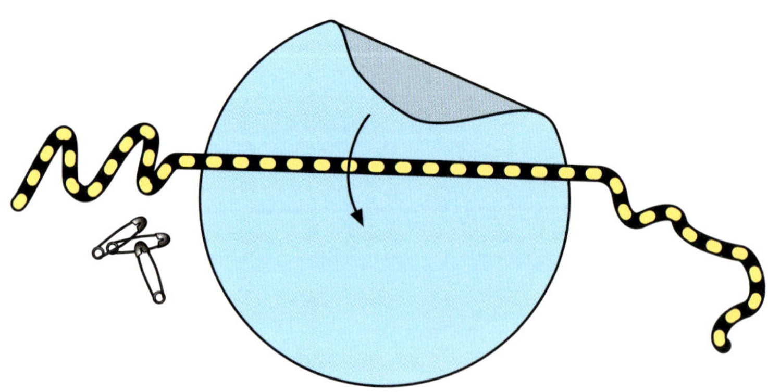

Sultan

Prachtvoll sieht er aus, der mächtige Sultan aus dem Orient. Dazu tragen die vielen edel wirkenden Materialien bei, das glitzernde Gold, die geheimnisvollen Muster. Wer mag, verwendet Hemd und Hose – ohne die Weste – nach Karneval als Schlafanzug.

Material

Für Anzug, Weste und Turban:

- gelb-rot gestreifter Stoff, bei einer Breite von 150 cm je nach Körpergröße des Kindes:
  180 cm für 99–110 cm
  195 cm für 111–122 cm
  210 cm für 123–134 cm
  225 cm für 135–146 cm
  240 cm für 147–158 cm
- 50 cm gemusterter Lurexstoff, 115 cm breit
- 50 cm goldener Lurexstoff, 115 cm breit
- 110 cm Bügel-Saumvlies
- 60 cm gelbes gefalztes Schrägband, 4 cm breit
- 150 cm Hosengummiband
- 6 Nähfrei-Druckknöpfe
- 2 größere Zierknöpfe mit Gold
- Zackenschere
- etwas Füllwatte
- 1 Brosche oder Deko-Schmuckstein
- Alleskleber
- einige schillernde Federn
- farblich passendes Nähgarn
- das übliche Zuschneide- und Nähmaterial (siehe Seite 8 f.)

Für die übrige Ausstattung:

- dünner Schal
- 10 goldene Chenilledrähte, 50 cm lang
- goldener Ohrschmuck mit Clip
- gelbe Kniestrümpfe
- Pantoletten oder Turnschuhe
- goldene Bastelfarbe
- (Faschings-) Schminke

Schnittübersicht

Sie finden die abgebildeten Teile auf Bogen B rosa gezeichnet (16, 17, 18), rot gezeichnet (19, 20) und schwarz gezeichnet (26) sowie auf Bogen A schwarz gezeichnet (24, 25). Die verschiedenen Konturen beziehen sich auf unterschiedliche Körpergrößen:

99–110 cm –·–·–·–·–·–·–·–
111–122 cm ·····················
123–134 cm - - - - - - - - - - -
135–146 cm -------------------
147–158 cm ———————

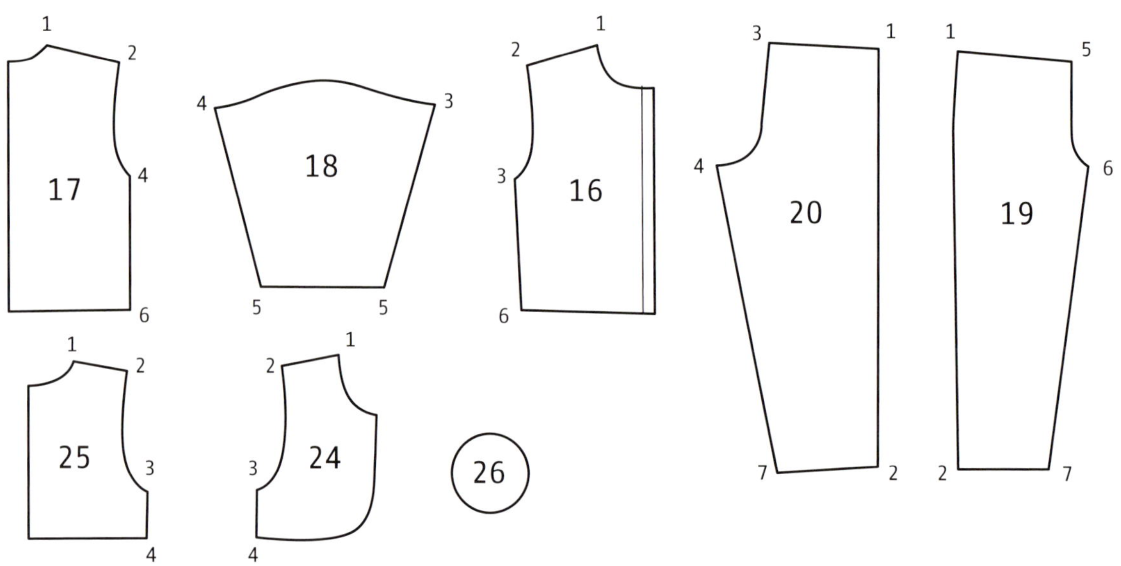

Zuschneidepläne

Schema für alle fünf Größen

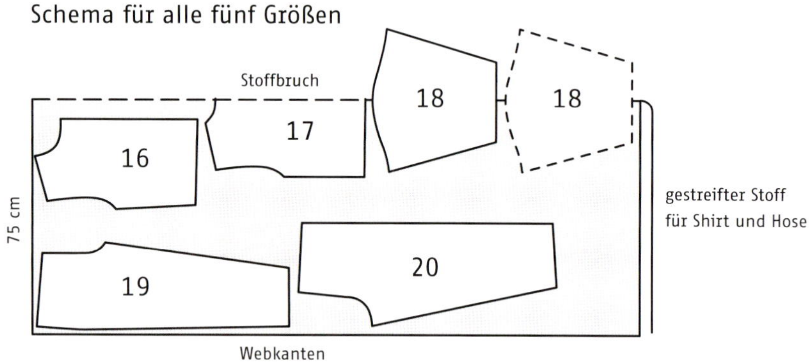

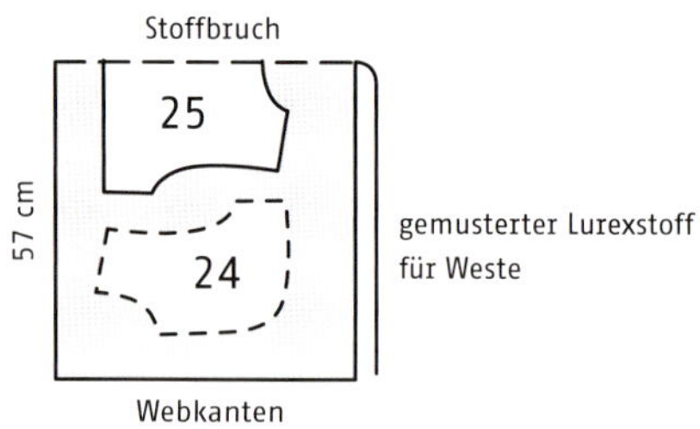

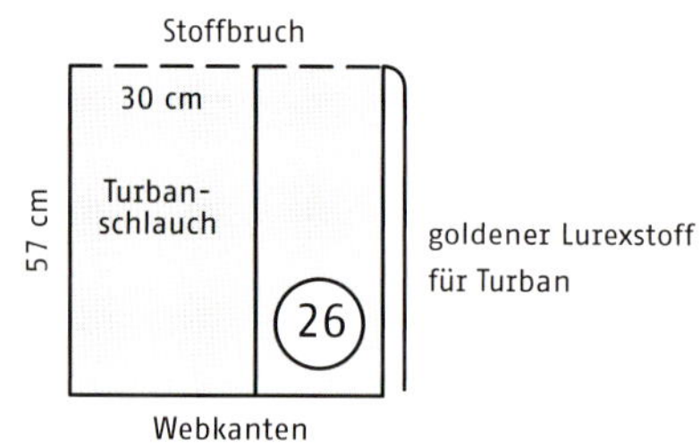

Anzug, Weste und Turban zuschneiden

– Zunächst die Schnittteile vom Schnittmusterbogen in der passenden Größe für das Kind auf Papier kopieren (siehe Seite 8). Dabei auch alle Markierungen und Nahtzahlen übertragen.

– Den gestreiften Stoff auf die Hälfte zusammenfalten, rechts auf rechts, die Webkanten liegen aufeinander. Die Schnittteile wie im Zuschneideplan und fadengerade auf den Stoff stecken (bis auf den Ärmel) und dabei genügend Rand für Naht- und Saumzugaben berücksichtigen (1 cm bzw. 4 cm).

– Alle Markierungen (ohne Fadenlauflinien) auf die linke Stoffseite übertragen und alles mit den Zugaben zuschneiden. Nach dem Aufklappen des Stoffs die Ärmel (18) zuschneiden, davon einmal seitenverkehrt.

– Die Schnittteile 24 und 25 auf den gemusterten Westenstoff stecken und diesmal mit der Zackenschere zuschneiden.

Sie erhalten:

16 Shirt-Vorderteil (mit Knopfleiste) 2-mal
17 Shirt-Rückenteil 1-mal (im Stoffbruch)
18 Shirt-Ärmel 2-mal
19 vorderes Hosenteil 2-mal
20 rückwärtiges Hosenteil 2-mal
24 Westen-Vorderteil 2-mal
25 Westen-Rückenteil 1-mal (im Stoffbruch)

– Vom goldenen, doppelt liegenden Turbanstoff zuerst einen 31 × 115 cm breiten Streifen abschneiden sowie Schnittteil 26 auflegen und zuschneiden. Sie erhalten:

26 Turbanplatte 2-mal
Turbanschlauch 1-mal (im Stoffbruch)

Das Shirt nähen

– Für die Knopfleisten zunächst die Zugaben an beiden Vorderteilen wie eingezeichnet nach innen bügeln. Anschließend Bügel-Saumvlies zuschneiden und zur Verstärkung beidseitig dort zwischen die Stofflagen bügeln. Die Nähfrei-Druckknöpfe in gleichmäßigen Abständen einschlagen.

– Vorder- und Rückenteil rechts auf rechts aufeinander legen, sodass sich gleiche Nahtzahlen an den Schultern treffen. Dort beidseitig von 1 nach 2 steppen und die Nähte ausbügeln.

– Die Ärmelteile rechts auf rechts an die Armausschnitte steppen. Dabei treffen gleiche Nahtzahlen (3 und 4) aufeinander; die Ansatzzeichen der Ärmel stoßen an die Schulternähte.

– Schließlich von den Nähten unter den Armen aus die Seitennähte und die langen Ärmelnähte stecken und in einem Arbeitsgang von 5 nach 6 steppen.

– Den unteren Abschluss des Shirts und die Ärmelbündchen säumen. Dazu die Schnittkanten 4 cm nach links umschlagen und bügeln. Die Schnittkanten 1 cm einschlagen und knappkantig steppen. An den Ärmeln jedoch die Nähte 2 cm offen lassen und Gummiband einziehen.

– Zur am Kind abgemessenen Bandlänge 4 cm zugeben, das Band mit einer Sicherheitsnadel einziehen (eine Aufgabe für Kinder) und die Enden übereinander nähen oder verknoten.
– Den Halsausschnitt mit gefalztem Schrägband versäubern. Dazu ein Stück Band abschneiden, das an beiden Enden 1 cm übersteht; sie werden später nach links geklappt.
– Jetzt die Kante entweder beidseitig in einem Arbeitsgang einfassen oder den Halsausschnitt mit dem Schrägband „unsichtbar" verstürzen (siehe Seite 11).

Die Hose nähen

– Je ein vorderes und rückwärtiges Hosenteil rechts auf rechts an den Außenseiten zusammenstecken. Gleiche Nahtzahlen (1 und 2) treffen aufeinander. Diese Seitennähte mit der Maschine steppen, die Nähte ausbügeln.
– Nun die rückwärtige Mittelnaht vom Bund bis zum Schritt steppen (zwischen 3 und 4), danach die vordere Mittelnaht (zwischen 5 und 6).
– Zum Schließen der inneren Beinnähte jedes Hosenbein rechts auf rechts zusammenstecken: genau im Schritt beginnend, wo sich die Mittelnähte exakt treffen. Diese Naht durchgehend von einem Hosenbeinsaum bis zum anderen steppen (zwischen 7 und 7).
– Die Hosenbeine und den Bund säumen. Dazu die Kanten 4 cm nach links bügeln, die Schnittkante nochmals 1 cm einschlagen und steppen. Nur am Bund diese Naht an der rückwärtigen Mitte 2 cm offen lassen, denn hier wird später – wie bei den Ärmeln – ein Gummiband eingezogen.

Die Weste nähen

– Die mit der Zackenschere versäuberte Weste ist schnell genäht. Zuerst die Vorderteile rechts auf rechts aufs Rückenteil legen. Die Schulter- und Seitennähte stecken und steppen. Die Nähte ausbügeln.
– Die Weste über das fertige Shirt ziehen und mit den beiden goldenen Zierknöpfen daran festnähen.

Den Turban nähen

– Die Turbanplatte zunächst verstürzen. Dazu die zwei Kreise aus Goldstoff rechts auf rechts aufeinander legen und rundherum knappkantig zusammensteppen bis auf eine 8 cm breite Öffnung.

– Hierdurch die Platte auf rechts wenden. Die Kante mit einem Löffelstiel gut ausformen und bügeln. Die Zugaben an der Öffnung nach innen bügeln und mit der Maschine zunähen.
– Der Stoffschlauch, der später an die Platte genäht wird, entsteht aus dem 30 × 115 cm langen Streifen. Diesen der Länge nach rechts auf rechts zusammenlegen und an der Längsseite steppen. Die Enden bleiben zunächst offen. Die Naht bügeln und den Schlauch auf rechts wenden.
– Mit der Mitte beginnend den Schlauch in beide Richtungen rundherum knappkantig um die Turbanplatte steppen; so sind die freien Enden gleich lang.

– Für mehr Volumen ein wenig Füllwatte beidseitig in den Schlauch schieben und dann die Öffnungen zusteppen; zuvor die Schnittkanten nach innen bügeln.
– Den Schlauch zu einem Knoten arrangieren. Damit er sich nicht löst, sind vielleicht einige Handnähstiche oder Sicherheitsnadeln auf der Innenseite nötig. Als Blickfang dienen eine Brosche, ein aufgeklebter Deko-Schmuckstein sowie schillernde Federn.

Die übrige Ausstattung

Als Gürtel einfach einen Schal nehmen, den man nach dem Fest weiterverwenden kann. Fertig gekauften Ohrschmuck (Bastelgeschäft) mit Clips ans Ohr oder einfach an den Turban stecken, dort tut's nicht weh. Beim Goldschmuck aus Chenilledraht helfen Kinder gerne mit. Kette, Armbänder oder Gürtelschmuck entstehen auf dieselbe Weise: Ein Stück Chenilledraht in der Mitte knicken. Von dort aus in Abständen von ca. 4 cm die Drahthälften miteinander verknoten und alles wie Kettenglieder rund biegen. Zum Verlängern stets ein neues Drahtstück einhängen.
Das Kostüm am besten mit gelben Kniestrümpfen und gelben oder goldenen Schuhen kombinieren. Vielleicht gibt es ein paar alte Turnschuhe, die mit goldener Bastelfarbe aufgewertet werden können.

Schminktipps

Das Gesicht mit dunkelbraunem Make-up braun färben. Dicke schwarze Augenbrauen, Kinnbart und Schnurrbart mit schwarzem Kajalstift malen.

Variationen

Einige der Kostümbestandteile finden Sie, leicht abgewandelt, auch bei anderen Kostümvorschlägen dieses Buches, nämlich beim Zauberer (Seite 41 ff.) und beim Piraten (Seite 58 ff.).
Weitere Ideen:
Ein Teufel wird daraus, wenn Shirt und Hose aus rotem Stoff genäht sind und mit einem schwarzen Umhang (siehe Zauberer auf Seite 46), mit Teufelshörnern oder einer Maske und einem Dreizack ergänzt werden.

Pirat

Die zweifarbige Weste, der stilechte Hut und die Accessoires sind sicher das A und O des Kostüms für den „Schrecken der Weltmeere". Wer die Hose nicht extra nähen möchte (nach Fasching dient sie als Jogginghose), kann auch alles mit einer schwarzen Jeans kombinieren.

Material

Für Hose, Weste und Hut:

- schwarzer Stoff für die Hose, bei einer Breite von 140 cm je nach Körpergröße des Kindes:
  - 100 cm für 99–110 cm
  - 120 cm für 111–122 cm
  - 140 cm für 123–134 cm
  - 160 cm für 135–146 cm
  - 180 cm für 147–158 cm
- 70 cm steifer schwarzer Stoff für den Hut, 140 cm breit
- 50 cm roter (gemusterter) Taft, 115 cm breit
- 50 cm grüner Futtertaft, 115 cm breit
- 70 cm grünes gefalztes Schrägband, 4 cm breit
- 110 cm Hosengummiband
- 2 Knöpfe (Fischform)
- 1 Brosche (Ankerform) oder große Nadel und Feder
- farblich passendes Nähgarn
- das übliche Zuschneide- und Nähmaterial (siehe Seite 8 f.)

Für die übrige Ausstattung:

- 4 breite Geschenkbänder, je ca. 180 cm lang oder länger
- Ohrclip
- Goldfaden
- bunte Holzperlen
- Deko-Meerestiere
- Spielzeugschwert
- Augenklappe
- weißes Hemd
- schwarze Stiefel
- (Faschings-) Schminke

Schnittübersicht

Sie finden die abgebildeten Teile auf Bogen B rot gezeichnet (19, 20), schwarz gezeichnet (26, 27, 28) sowie auf Bogen A schwarz gezeichnet (24, 25). Die verschiedenen Konturen beziehen sich auf unterschiedliche Körpergrößen:

99–110 cm –·–·–·–·–·–·–·–
111–122 cm ·····················
123–134 cm ----------------
135–146 cm --------------------
147–158 cm ————————

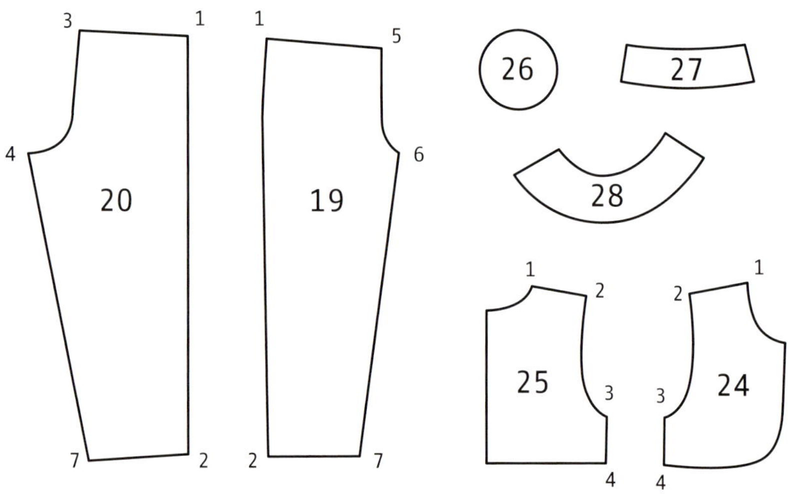

Zuschneidepläne

Schema für alle fünf Größen

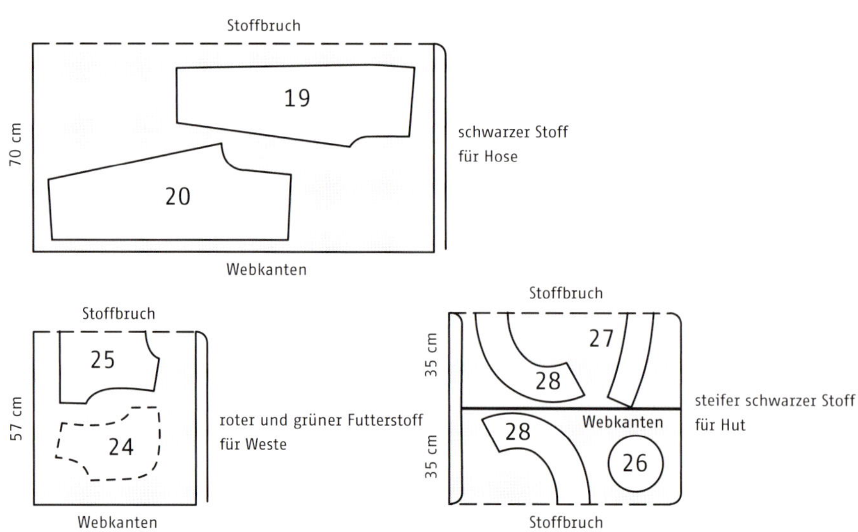

Hose, Weste und Hut zuschneiden

– Zunächst die sieben Schnittteile vom Schnittmusterbogen in der passenden Größe für das Kind auf Papier kopieren (siehe Seite 8). Dabei auch alle Markierungen und Nahtzahlen übertragen.
– Den schwarzen Hosenstoff auf die Hälfte zusammenfalten, rechts auf rechts, die Webkanten liegen aufeinander. Die Schnittteile 19 und 20 wie im Zuschneideplan und fadengerade auf den Stoff stecken und dabei genügend Rand für Naht- und Saumzugaben berücksichtigen (1 cm bzw. 4 cm).
– Den roten und grünen Westenstoff einzeln auf die Hälfte zusammenfalten. Beide Stoffe exakt aufeinander stecken, die Stoffbrüche bündig. Die Schnittteile 24 und 25 fadengerade darauf anordnen. Den schwarzen Hutstoff von beiden Webkanten aus doppelt legen und darauf die Schnittteile 26, 27 und 28 anordnen.
– Alle Markierungen (ohne Fadenlauflinien) auf die linke Stoffseite übertragen und die Teile mit den Zugaben zuschneiden.

Sie erhalten:
19 vorderes Hosenteil 2-mal
20 rückwärtiges Hosenteil 2-mal
24 Westen-Vorderteil je 2-mal in Rot und Grün
25 Westen-Rückenteil je 1-mal in Rot und Grün (im Stoffbruch)
26 Hut-Boden 1-mal
27 Hut-Seitenteil 1-mal (im Stoffbruch)
28 Hut-Krempe 2-mal (im Stoffbruch)

Die Hose nähen

– Je ein vorderes und rückwärtiges Hosenteil rechts auf rechts an den Außenseiten zusammenstecken. Gleiche Nahtzahlen (1 und 2) treffen aufeinander. Diese Seitennähte mit der Maschine steppen, die Nähte ausbügeln.
– Nun die rückwärtige Mittelnaht vom Bund bis zum Schritt steppen (zwischen 3 und 4), danach die vordere Mittelnaht (zwischen 5 und 6).
– Zum Schließen der inneren Beinnähte jedes Hosenbein rechts auf rechts zusammenstecken: genau im Schritt beginnend, wo sich die Mittelnähte exakt treffen. Diese Naht durchgehend von einem Hosenbeinsaum bis zum anderen steppen (zwischen 7 und 7).
– Die Hosenbeine und den Bund säumen. Dazu die Kanten 4 cm nach links bügeln, die Schnittkante nochmals 1 cm einschlagen und steppen. Nur am Bund diese Naht an der rückwärtigen Mitte 2 cm offen lassen, denn hier wird später das Gummiband eingezogen.
– Das Gummiband für Bund und Hosenbeine am Kind abmessen und je 4 cm zugeben. Das Band mit einer Sicherheitsnadel in die Durchzugsäume einziehen (hier helfen Kinder gern) und die Enden miteinander vernähen oder verknoten.

Die Weste nähen

– Die roten und grünen Teile getrennt als Weste nähen. Zuerst die roten Vorderteile rechts auf rechts aufs rote Rückenteil legen. Die Schulternähte (Nahtzahl 1 und 2) und die Seitennähte (3 und 4) steppen, die Nähte ausbügeln. Genauso die grüne Weste nähen.
– Anschließend die rote und grüne Weste rechts auf rechts zusammenstecken, gleiche Nähte liegen exakt aufeinander. Die Schnittkanten der Armlöcher offen lassen. Jetzt die Westen entlang der ganzen Außenkontur zusammensteppen. Zu breite Nahtzugaben etwas zurückschneiden und die Naht ausbügeln.
– Die Weste durch eines der Armlöcher auf rechts wenden, die Außenkanten sorgfältig ausformen und bügeln.
– Nun den roten und grünen Stoff an den Armlöchern auf-

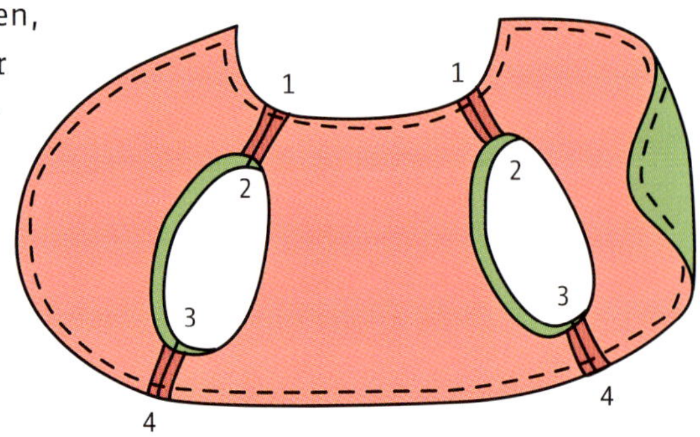

einander stecken, um sie dann zu versäubern: am besten durch Verstürzen mit Schrägband, was auf Seite 11 genauer beschrieben ist. Das Schrägband liegt danach auf der linken Westenseite. Soll man von rechts keine Naht sehen, empfiehlt sich das Annähen des Schrägbandfalzes auf der linken Seite mit feinen Handstichen.

– Zum Schluss die beiden Ecken am Halsausschnitt nach außen bügeln und mit einem Knopf festnähen.

Den Hut nähen

– Zuerst das Hut-Seitenteil (27) an der Schmalseite rechts auf rechts zusammenstecken und dem Kind zur Probe aufsetzen. Die Nahtlinie nicht zu eng abmessen und markieren. Die Naht steppen und ausbügeln.

– Jetzt dieses Seitenteil rechts auf rechts an den runden Hutboden (26) steppen. Hatten Sie das Seitenteil verkleinert, fällt die Nahtzugabe am Hutboden entsprechend größer aus.

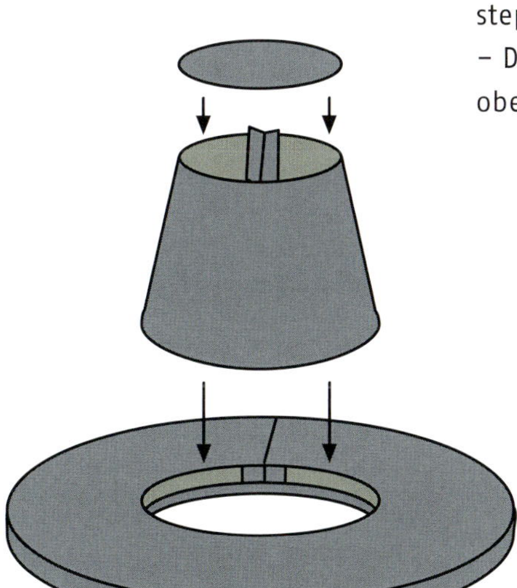

– Nun die Hutkrempe verstürzen: Dazu die beiden Krempenteile einzeln rechts auf rechts an den Schmalseiten zusammenstecken und steppen, mit gleich breiten Nahtzugaben. Die Nähte ausbügeln. (Nach einer Verkleinerung des Seitenteils auch die Krempenteile verkleinern.)

– Danach beide Krempenteile passgenau rechts auf rechts aufeinander legen, Naht auf Naht, und rundherum die Außenkante steppen. Die Innenkanten 1 cm breit zur linken Stoffseite bügeln. Die Krempe auf rechts wenden, die Außennaht gut ausformen und erneut bügeln. Die Innenränder sollen genau aufeinander liegen (eventuell stecken).

– Nun die offene Schnittkante des Seitenteils 1 cm zwischen die umgebügelten Krempenkanten schieben (die rückwärtigen Nähte treffen aufeinander), feststecken und rundherum steppen.

– Die vordere Krempe nach oben klappen, mit einer schönen Brosche feststecken oder mit einer großen Nadel und einer dekorativen Feder schmücken.

Die Schärpe nähen

– Die vier langen Geschenkbänder zu einer breiten Schärpe nebeneinander legen. In der Mitte, über eine Länge von 120 cm, die Bänder mit einer Überlappung von 1 cm zusammensteppen; die Enden hängen lose herab.

– Die Schärpe zweimal um die Taille winden und vorn verknoten.

Die übrige Ausstattung

Für den Ohrschmuck bunte Perlen auf Goldfaden aufziehen und als Ring an einem Ohrclip befestigen. Als Kette einige Deko-Meerestiere an einen Goldfaden anknoten und um den Hals legen.

Ein weißes Hemd und schwarze Stiefel ergänzen das Kostüm. Eine Augenklappe gibt's in der Apotheke und das Schwert im Spielzeuggeschäft zu kaufen.

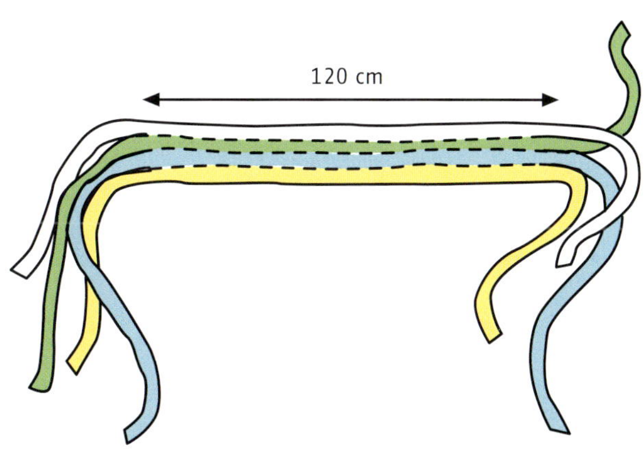

Schminktipps

Das Gesicht dunkelbraun schminken und die Augen schwarz umranden. Ebenfalls mit Schwarz die Augenbrauen stark betonen und einen Schnurrbart malen.

Variationen

Einige der Kostümbestandteile finden Sie, leicht abgewandelt, auch bei anderen Kostümvorschlägen dieses Buches, nämlich beim Zauberer (Seite 41 ff.) und beim Sultan (Seite 52 ff.).
Weitere Ideen:
Während der gezeigte Pirat eher zu der „edlen“ Sorte gehört, kann man sich einen wilderen Gesellen so vorstellen: Hemd und Weste werden durch einen Ringelpullover ersetzt, den Kopf umwickelt ein rotes Tuch und das Gesicht erhält aufgemalte Bartstoppeln.

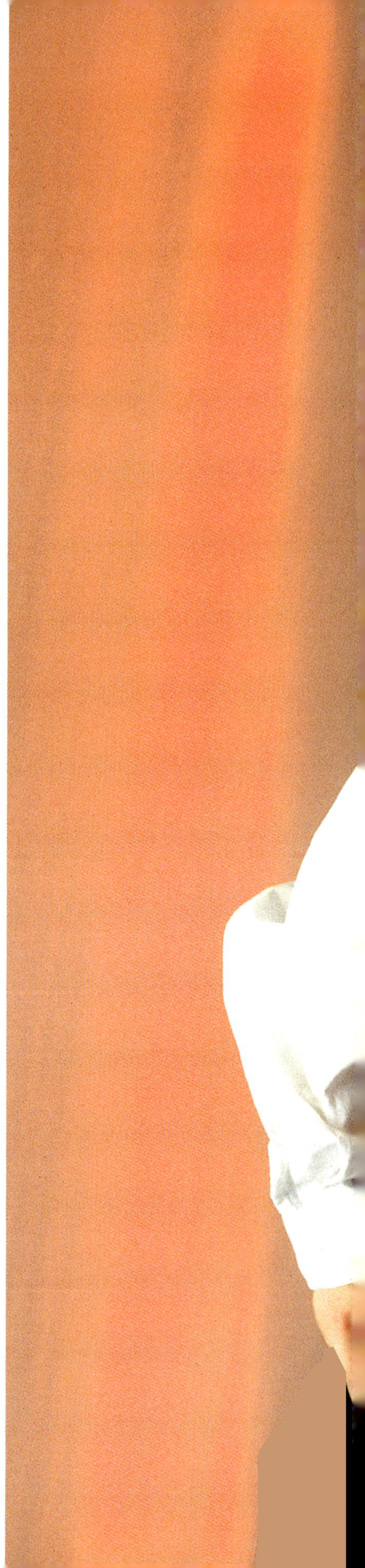

Wir danken den Firmen Pfaff und Gütermann für die Bereitstellung der Materialien für dieses Buch.

Pfaff Nähmaschinen sind im Pfaff Fachgeschäft erhältlich; Infos über VSM Deutschland GmbH, Bannwaldallee 46, 76185 Karlsruhe, Tel. 0721/ 203 98-0, www.pfaff.com

Gütermann Nähfaden erhalten Sie im Fachhandel; Infos über Gütermann AG; Landstr. 1, 79261 Gutach, Tel. 07681/21-0, www.guetermann.com

Fragen, Anregungen oder lustige Erlebnisse mit den Kostümen? Ute Hammond freut sich über eine E-Mail: info@fuerkids.de.

Ich widme dieses Buch meiner Freundin.

Bibliografische Information Der Deutschen Bibliothek
Die Deutsche Bibliothek verzeichnet diese Publikation in der Deutschen Nationalbibliografie; detaillierte bibliografische Daten sind im Internet über http://dnb.ddb.de abrufbar.

ISBN 978-3-8388-3069-8
www.christophorus-verlag.de

Umschlaggestaltung: Behrend & Buchholz, Hamburg
Fotos: Annette Hempfling, München; Garnfoto, S. 9, Gütermann AG, Glutach; Nähmaschinenfoto, S. 10, Pfaff Nähmaschinen, Karlsruhe
Modelle: Ute Hammond
Zeichnungen: Martin Schulze, Berlin
Lektorat: Regine Felsch, Hünstetten
Layout, Satz, Litho: tiff.any GmbH, Berlin
Printed in Germany